陈晓冰 著

在写下家乡这些片段的同时,却也给回忆留出了更多的空白。如果这些空白能唤起你对童年或少年回忆的话,那么,我们就有的聊了!

时光且长
SHIGUANG QIECHANG

陕西师范大学出版总社

图书代号：WX19N1486

图书在版编目（CIP）数据

时光且长 / 陈晓冰著. —西安：陕西师范大学出版总社有限公司，2019.10
　　ISBN 978-7-5695-1123-9

　　Ⅰ. ①时… Ⅱ. ①陈… Ⅲ. ①散文集—中国—当代 Ⅳ. ①I267

中国版本图书馆CIP数据核字(2019)第208297号

时光且长
SHIGUANG QIECHANG

陈晓冰　著

责任编辑 /	周　耘
责任校对 /	李　岩
美术策划 /	陶安惠
装帧设计 /	吴鹏展
出版发行 /	陕西师范大学出版总社
	（西安市长安南路199号　邮编710062）
网　　址 /	http://www.snupg.com
印　　刷 /	西安市建明工贸有限责任公司
开　　本 /	787mm×1092mm 1/16
印　　张 /	17
插　　页 /	1
字　　数 /	150千
版　　次 /	2019年10月第1版
印　　次 /	2019年10月第1次印刷
书　　号 /	ISBN 978-7-5695-1123-9
定　　价 /	48.00元

读者购书、书店添货或发现印装问题，请与本社营销部联系、调换。
电话：(029)85251157　　传真：(029)85307636

序言

这是我第二次给陈晓冰的书写序。距离第一次已经有好些时候了,那时他是一位小学校长,由于学生的关系,也因为我与教育界一直有着若即若离的联系,所以,那几年我们时不时就能见上一面。后来,陈晓冰离开了学校,转到了教育行政岗位,再后来到了宣传部门,我们见面的机会就少了,但还是能不断听到他的消息。他是个勤奋的人,也是个非常敬业的人。有些夸人的话几乎成了顺口溜式的套话,但是真的用到某个人的身上还真的无法替代,比如"干一行爱一行"用在晓冰身上就是再恰当不过的。

陈晓冰现在工作非常繁忙,虽然知道他多才多艺,兴趣广泛,但是见了面我总是回避这方面的事,只谈工作不谈业余。不料上个月他来南京到我办公室,竟然递给我一大摞书稿,这着实让我狠狠地吃了一惊。而且,这可不是泛泛的文章汇编,东拼西凑出来的,而是一本专题散文集。

这就不是简单的"勤奋"二字所能解释的了。我以为这首先是爱,陈晓冰太爱文字,太爱文章,太爱写作了。如果不是这份爱,他是无法坚持下来的。我不是要故意将写作神秘化,但是,一个不是靠文字为业的人想要在文章上有所作为实在是件不容易的事，不仅是时间和精力的问题，更重要的是生活方式特别是思维方式，他必须在多种思维中转换。换句话说，像陈晓冰这样的写作者可以说是一种多重人生，工作的人生、事务的人生和文学的人生。他要在他的心里永远为文学留一个空间，哪怕这个空间是零碎的，哪怕它被挤压成了一道狭窄的缝隙。

还是爱，这爱是陈晓冰对他的故乡的爱。陈晓冰在南通工作，但他不是南通人，而是隔江相望的镇江句容人。记得刚认识他的时候就听他不停地说他小时候，说他的家乡。我当时就有些好奇，因为陈晓冰的年纪并不大，听一个年轻人不停地说他的"小时候"，不停地说他虽然有江相阻却并不遥远的家乡，总觉得似乎还不到时候，唯一的解释就是一个人的乡情太深。现在，当年的许多话语掌故都化成了纸上的文字，益发觉得这真是个爱家乡的人。正是这份长久而赤诚的爱使得陈晓冰不能不写吧？

故乡与人的关系实在深刻而复杂。人总是具体的，这个具体不仅指他的有形和肉身，更是指他的经验。一个人的存在是他全部的经验和全部的历史，决定一个人的当然也是他的经验和历史。而在这些经验和历史中，童年、故乡占有非常大的比重，甚至决定了他的文化基因。不管你自觉不自觉，承认不承认，你的记忆、你的语言、你的口味、你的趣味和喜好，无论你走多远，故乡和童年总会不经意地在这些细节中说明你的身份——你从哪里来。人为什么会时时回望故乡，回望童年？那是人对自己根的眷恋，是对自己来路的确认，更是对自己文化身份的反复证明。这样的道理，我想陈晓冰必定有更深的体认。

从陈晓冰的文字中看出，他是一个生活能力很强的人，也是一个从小就生活得非常认真的人。因为只有一个生活能力相当强的人，一个认真生活的人，才会记住那么多过往的生活，生活的每一个细节都会留在他的记忆中，都会在他的身上烙下印记。家乡的自然风景、人文景观、风俗习惯，在陈晓冰的笔下，这些都几乎以百科全书的方式被记录了下来。正因为陈晓冰的记忆与文字如此的清晰真切，越发使我觉得生活变化之快，我还来不及与陈晓冰细细地讨论，但我可以肯定，陈晓冰童年时期家乡的许多风物都已经不在了吧。

如果确乎如此，这样的家乡叙事与童年书写就有了更多的超乎个人情感的意义了。要知道，我们曾经的过去都是有意义的存在，都曾经是我们生命的证据。世上的每一事物都是有故事的，都曾经与我们的生命相连，也都是我们回望生命长河的坐标，哪怕残垣断壁、片瓦只砖。世上的每一种活法都是人与自然的磨合，都是我们曾经的智慧的选择，哪怕是家常饭菜、晨昏起居。往昔，节奏缓慢，仿佛亘古如斯；而今，更新换代，倏忽万变，让我们甚至没法留下记忆。

唯有文字才是永恒和不朽的，那就像陈晓冰一样赶紧写吧，让我们每个人，为自己，为曾经的生活留下纸上的证言。

江苏省作协副主席，鲁迅文学奖、茅盾文学奖评委　汪　政

自序

时光且长

朋友看了我的微信朋友圈，问："是不是衰老了？咋都开始回忆上了！"

我报以"呵呵"的憨笑，一时不知如何回答。

就年岁来讲，我真没老，充其量算个大叔。就心理上说，倒也算得上精力旺盛，有时甚至还有少年般的冲动。言老，为时尚早。

但冷静下来再细细一想，用"人生不满百"来衡量，我的一只脚却也已经踏进了"老"的红线。譬如四季，现岁正是夏末秋初的时节。如果非要"为赋新词强说愁"的话，"自古逢秋悲寂寥"，我这个岁数怕是已经过了立秋节气了吧。

一年前某个冬日的下午，正在办公室埋头文件之中，母亲打来电话，问我："过年什么时间回来？已经收拾好了房间，还新纺了一床被子，能多住几天不？"还说，今年特意多蒸了点馒头，多磨了点豆腐，给我备着呢。放下母亲的电话，借着透过窗纱的暖阳，我裁剪了几缕涌起的回忆，写成了一段母亲带我和弟弟磨豆腐的印象文字，便有了第一篇《年前的那碗豆花》。

思绪一经打开，像是雨后河塘冲缺了的闸口，小鱼小虾便顺着水流陆陆续续地涌了过来。还真是小鱼小虾，小得端不上桌，上不了台面，经不得细嚼，但我却讲述得沾沾自喜，津津有味。因为熟悉，因为根植在心底的土壤里，所以冒得顺畅，流得绵长，也就写得轻松。浇点水，吹口气，就长出叶子，开出花来了。

如物质的摄入需要排泄一样，精神的沉淀也需要宣泄的出口。所不同的是，有人选择把酒狂呼，直抒胸臆；有人选择沉默自怜，心潮暗涌；有人则选择娓娓絮叨，拉扯时光。我想，我属于最后者，因此我将自己的微信公众号取名——"且听絮叨"。

每个人都有一个属于自己的精神原乡，我的家乡镇江，句容，东昌街，达巷村和村后只有几十户人家的唐家小村落，常常唤起我丰富的记忆与畅想，简单、家常却乐此不疲。离开生我养我的那个村庄院落，离开熟悉的草木人物，一晃已经三十多年了。在时间的数轴上，由稚嫩走向了成熟；在思维的层级上，由感性转向了理思；在地理的坐标上，由农村走向了城市；在心理的天平上，由混沌走向了澄明……生活斧凿的痕迹一天天地在加深，本真的天性一点点地在式微；社会经验在一天天地堆积，纯粹也在一点点地褪淡。是进化，也是倒退；是成长，也是萎缩；是圆融，也是遗失；是喜悦，也是伤离。

在离乡背井后的某一天，惊喜地发现，那沾着泥土气息的日子并没有从我的记忆中消失，却渐成了一段天真的执念，时时在脑海中点亮回忆的烛光，虽然微弱，却摇曳有姿，散发着诱人的光泽。它催促着我用笔触去抚摸曾经的村落、老街、田畴，追录行走在乡间的长辈、亲友、邻居，描述陪伴成长的猪羊狗牛……他们如同我一样的卑微和细小，细小到几乎引不起隔代人的记忆，细小到没有第二处文字有过记录，细小到留不住来过的痕迹。但我却敝帚自珍地记录下他们，因为在时间的长河里他们曾是我的玩伴，我的朋友，我的兄弟。他们给我的乡村时光烙上了抹不去的记忆。每一个谦卑的生命都不应该被遗忘，他们真实地存在过，让我感受过真实的喜怒哀乐，真实地与我的生命交结过，或长，或短。

乡村是我精神发育的策源地，那里的山水人，风草木，都曾经滋养过我的灵性世界。在塑造我肉体的同时，也在濡染着我的精神。我写下这些长长短短的画面，零星、琐碎，都是些生活花絮的拼接，甚至还带着主观筛选的痕迹、思维演绎的成分。笔下的随意非为与率性胡闹已经不是时间意义上的原景重现，但那时的感动与温暖却真实存在过，沉淀过，历久弥新。

经过记忆与时间的过滤，回忆褪去了当时的苦涩，原本的痛苦已经不再痛苦，原本的快乐却依旧快乐。笔下的故事或多或少带上了甜美的花边，如同面筋，流水带走了外在的粉尘，留下的是精韧的肌理。这些故事与画面组成了回望时窗口里的诗意小景，讲述着对生命的尊重和成长的艰难。我惊讶于在过去清苦混沌的岁月里，竟然有这么多灵动、勃发的生命在跃动。重拾这些从日常琐碎里抽象出的精神画面，抚摸我的父母、乡邻们操持土地的双手，感受他们用坚忍顽强织就的生生不息的精神力量，他们让我知道，我是从哪里来的，在成人的世界里该如何定位自己的角色。从这个角度来讲，在我精神发育的初期，浸淫其间，耳濡目染，潜滋暗长，我的生命在最初开始的时候就已经被打上了泥土的底色。

虽然离乡多年，我喜悦的是，原来我的精神主干没有因时间地点的改变而改变，泥土的淳厚没有因阅历的递增而淡化，这是多么值得庆祝的事情啊！不，岂止是该庆祝，该将这种喜悦衍生为写成这本集子的内在动力，将回忆定格在这个"秋天"。

  人生过半，繁华在退却，色彩在减淡，精力在下降，但心境却没有萎靡。如秋季的天空，越发高远起来，还保有"晴空一鹤排云上，便引诗情到碧霄"的旷想。这个时段，瓜果已然成型，却还没有到香甜的时候。写下这些琐碎的文字，不关其他，安顿安顿自己，拾回失落在乡间的那段时光，接续记忆，生命随之完整。

  苦多的时日已去，未来的时光且长。年岁已过夏末，未到金秋。站在人生的腰线上，时间、心境都恰好适合回忆。那就写点什么——珍藏过去，珍惜未来，权用"时光且长"作为书名吧。

  写下这些片段的同时，却也给回忆留出了更多的空白。如果这些空白能唤起你对童年或少年的回忆的话，那么，我们就有的聊了！

二〇一八年十一月二十三日夜
于墨雨斋

第一章 清淡日子，浓浓过

年前的那碗豆花 / 2

母亲的瓠子面 / 6

咸中有味 / 9

寂寂无风的山梁 / 14

哭够本了 / 18

最好的安排 / 21

枕着王勃睡觉 / 25

冬至的青烟 / 29

一瓶容酒醉一年 / 32

第二章 老街，东昌

老街的荣光 / 38

山隐"神仙"在吾乡 / 41

老街，欠我一个包子 / 46

瘸子"表舅" / 49

五角，十枪 / 51

烫头·修面·大师傅 / 55

国营老澡堂 / 58

懵懵懂懂的离开 / 61

第三章 扁豆围墙里的「桥东」时光

小英老师 / 68

高人阳宝 / 70

扁豆围墙里的"桥东"时光 / 73

馋无可藏 / 78

两片荷叶 / 81

跑饭 / 83

听,老呱子在夜叫 / 87

第四章 煤矿上的熊孩子

独住的丘比特 / 92

手上的机油味 / 96

拖拉机的伤害 / 101

炉煮四季 / 105

蜗行的姿势 / 109

独立坟头 / 113

第五章 丘陵的风，拂过村子

老井，安安静静 / 118

搬麻将 / 122

"别跟我老卵" / 125

达虎 / 129

小贵子的代销店 / 132

怪老太 / 135

队长家的柿子 / 138

庆儿队长 / 141

事关香火 / 145

新年一骂 / 148

寻狼 / 151

认识从物质开始 / 154

"梅超风到了" / 156

老坟山 / 158

第六章 昭圣寺，照近寺

照近寺的雾 / 164

照近寺的庙 / 167

照近寺的脉 / 170

照近寺的娃 / 172

第七章 不会衰老的交结

山芋和狗 / 176

草狗无名 / 179

猪兄的贡献 / 183

得有好习惯 / 186

真诚的祭奠 / 189

谁牵走了我的羊 / 192

牛事堪忆 / 197

第八章 稻田间飞扬的"小把戏"

隐隐作痛 / 204

别用南瓜叶子 / 206

山坡上的那堆火 / 209

"坝上",我的玩伴 / 213

后门口的烟屁股 / 217

第九章 透过时光看影像

龙尾扫过村庄 / 222

为了初恋 / 225

咸菜烧肥肉 / 228

百米滑翔 / 231

炊烟何处 / 234

嬉塘记 / 237

享受固执 / 241

稻麦不言 / 244

肤兮，福兮 / 247

尾记：走出村子，走不出目光 / 253

人的一生中，总会遭遇几个自己无力应对的坎。只有始终不放弃你的才会帮助你跨越这些生命之坎，陪伴你慢慢地愈合创口。珍惜你所拥有的人与物、时与事，相信生活已经给了你最好的安排。

时光且长。

第一章 清淡日子，浓浓过

年前的那碗豆花
母亲的瓠子面
咸中有味
寂寂无风的山梁
哭够本了
最好的安排
枕着王勃睡觉
冬至的青烟
一瓶容酒醉一年

年前的那碗豆花

说到家乡——镇江，好多人会说，是个临江而居的地方。其实对于家乡的描述是因距离而异的，譬如出了市，就说家乡是哪个市，出省，就说家乡是哪个省的。

再细说一点，我家乡的位置应是在镇江的西南侧，一个叫句容的地方。那里算是镇江的山区，只有河，没有江。由于当时条件的限制，我从小到上师范之前，只到达过两条腿能跑出的距离，从来没有见过江是什么样子。

既然连长江是什么样子都没有见过，也就从来没去想过。生活中，眼里只有起起伏伏的小山丘，远远近近的池塘和清透能映出天光的小河。那时候就觉得，地就应该是家乡这个样子的，无所谓高山，更不知平原。从记事起，我就对蜿蜒与崎岖有着感性与直接的理解。

我的村子在"钟山只隔数重山"的丘陵深处。一个上坡一两里地，一个下坡又是一两里地。在起起伏伏的坡道两侧，是大片大片黄得快溢出来的稻田，还有青黄杂存的黄豆地，村子像是嵌在这黄色画卷中的盆景，散落在山冈的肩头、怀里，或是河边，美得自然，美得融洽。

村子里有一个习俗，临近过年的时候，家家户户都会用新收的黄豆磨成豆腐。进了腊月，家家都得赶在大年三十前完成这项和蒸馒头一样重要的工作，整个村子都飘着熬豆浆的焦香，飘得人们心头暖暖的，喉根里溢着口水。这个时节，豆腐坊就成了全村最热闹的地方。

那时村里只有一个豆腐坊，坊里只有一台小电磨在二十四小时不停地转着，磨豆腐得早早地去排队。

轮到我家磨豆腐总是在晚上。农村的夜晚黑得特别地早，也特别地快，唰的一下，就被扣在了锅底里，黑得纯粹，不带一丝的亮光。远不比城里，路灯会在将黑未暗时突然跳亮起来，橘黄的灯光与天边的昏黄融为一体，慢慢过渡成比白天更加五彩的夜晚。那时候，村里还经常停电，家家都备着煤油灯或蜡烛。就是不停电，家里的灯也像是没有睡醒的眼睛，只照亮必须看见的部分，绝不会投到多余的地方。走出屋外，一眼看过去，村里家家的门里或是窗上透出的，是一种温暖的橙红。

母亲扛着一大捆的棉花秆子，带着我和弟弟向豆腐坊走去。出了家门，不一会儿就被冻得牙齿上下直打架。好在村里的小路太熟悉了，几乎是不用眼睛就能在上面狂奔。我和弟弟带着对豆花的向往，兴奋得一路小跑，不一会儿就把母亲远远地甩在了高高的丘陵下面。一顿饭工夫跑下来，身上就暖了，再回头找找远远地落在后面的母亲，借着微弱的天光，只见一捆大大的棉花秆在夜色中移动，母亲却不见了。

邻居们聚集在了豆腐坊里，互相帮衬着。灶膛里坐着母亲，一边将大把的棉花秆子往火膛里填，一边与邻居们闲聊着东家孩子回

侯德剑 画

来过年了，西家女儿给老人买了新衣裳之类的家长里短。不过，她还不时地转过头来叮嘱我们几句："别睡着了，睡着了就没得豆花喝了。"尽管有点勉强，但我们还是要努力地等待着。豆浆出来以后，一点卤子就可以吃了。稍晚了点，就被做成了豆腐、百页、干子了。一年才有的一次机遇，睡着了，就会错过一年。

石磨在电动机宽宽的皮带拉动下，慢慢地转着，盯着看不了几圈，就很容易被催眠。豆腐坊的主人一边向磨眼里添豆，一边加水。这是一项技术活。母亲说，豆腐好不好，全在他的手上。旁边的邻居们都忙活着，有的滤豆浆，有的浇豆腐，有的压百页……一间不大的小屋里人声鼎沸，比肩接踵，热气腾腾，原来就昏昏沉沉的灯光显得更加朦胧了。我和弟弟窝在灶膛边，看着一闪一闪的火光竟不知不觉地睡过去了。

不知什么时候，我被母亲冰冷的手刺醒了。迷迷糊糊中，母亲端着一碗正在冒着热气的豆花站在了我们面前。几粒粗盐，几滴麻油，一下子就驱走了我们所有的倦意。一碗，再来一碗，还吃一碗……母亲一个劲地鼓励我们多吃点。邻居家的大婶笑着对母亲说："你们家两个儿子可真能吃啊！"言语中透出满满的羡慕。母亲很是受用这样的感叹，尤其是邻居们点出她有两个儿子。

回来的路上，我们乖了很多，是因为饱了，困了，更是因为害怕。后半夜的村子静得出奇，连狗叫声都没有。老黑鸦"呱"的一声从我们头顶穿过，老人讲，那是鬼魂在村子里游荡咧！

母亲挑着豆腐走在前面，我们俩紧贴着担子跟着，像两只被吓坏的小狗。

不觉中，家出现在了面前。

母亲的瓠子面

在乡下众多的蔬菜中，有一种长得特别快，那就是瓠子。好多人吃过，见了却未必认识。它是葫芦的兄弟，但比葫芦嫩，比黄瓜鲜，比丝瓜个粗，比南瓜身段修长。嫩时可以红烧，凉拌，烧汤，下面条，老了可以切条腌制，做成可口的酱菜。

初夏时节，蔬菜青黄不接，母亲种下的瓠子就充了大用了。每天只要去坝头的自留地里转一圈，总能带回来几个瓠子，这连她自己都觉得不可思议，有时禁不住惊叹："长得真快，一晚上就这么大了，都来不及吃了。"言语中自豪多于惊讶。

母亲做得一手的好面食，但平时田里事忙，吃饭图个快，也就懒得去麻烦了。她经常说，包饺子、擀面条"忙忙半天工，吃吃几分钟"太耽搁工夫了。我们弟兄两个放学回来像饿狼似的，等不及的。为了省事，家里的菜谱上经常出现的是清炒瓠子、韭菜炒瓠子，或干脆就是瓠子汤，看名称就知道寡淡得可以。

可是凡事都有过头的时候，吃多了瓠子汤，不仅我们弟兄两个开始怨话连天，就连父亲也受不了没有油水的清心寡欲了。"到村头的卤菜店去称点盐水鹅吧，寡得自行车都蹬不动了。"母亲这才掏出一叠整整齐齐的零钱，让我们弟兄两个去采购。

为了避免我们与父亲一起结盟造反，母亲便开始用瓠子换着花样来骗我们。最常做的就是瓠子面。

傍晚时分，我们打扫干净屋前的水泥场，再从井里打上水，给场地冲了凉，搬出小桌子、小凳子就可以开席了。

趁着面条刚刚熟，母亲先盛了三大碗，韧劲十足，大有嚼头，这是给我们家三个男子汉的。剩下的装了满满一脸盆，不一会儿，就变得糊糊的、烂烂的了。

母亲变戏法似的端出半碗熬好的猪油，给我们的面碗里一人加了一小勺，我们的馋虫一下子就被勾出来了。父亲喜欢吃辣，母亲就把热油装在瓶子里，生闷朝天椒给他。油绿的蒜叶，红红的辣椒油，色香味俱全，一下就把馋虫勾了出来。虽然简单，但对症下药，我们的味觉就这样被母亲收买得妥妥的了。

还真别说，鲜嫩的瓠子经猪油一吊，无比清口。有了肉的肥腻，又不失瓜的清香。与滑爽的面条混在一起，是菜也是粮，当饱更解馋，我们吃得欢实过瘾，心满意足。再看父亲，一大碗油辣瓠子下肚之后，屁股不离凳子，手一抹嘴，就从口袋里抽出烟来点上一支，一脸享受的样子。据说烟能提升饭后的愉悦感，使人达到"饭后一支烟，快活似神仙"的境界。通常这时候，只要父亲不对母亲的饭菜提出批评，母亲是不会反对父亲抽烟的。

母亲对瓠子面的喜爱有些惊人。一大碗烂面，三下两下就倒进了肚里；端着面碗到邻居家门口一转，一碗就没了。洗好碗后再来一碗；看看电视，还是一碗。不出两三个小时，她一个人就吃了一脸盆的瓠子面。有时邻居端着饭碗到我家来聊天，也会顺便盛上一碗。母亲会给他一大勺的猪油，肥得邻居坐下来就不走了。

惊艳的发现往往在不经意间。有时候第二天早上，母亲会将昨夜剩下的瓠子面重新在锅里一热，烂糊糊的，黏黏的，带着一股锅巴的焦香。不必用筷子，沿着碗沿，旋转着直接用嘴吸溜，有一种肥糯糯的调皮感。母亲知道我爱吃隔夜的瓠子面，会在晚饭时特意留下两碗，给我第二天的早晨制造一份惊喜。一向怯寒的胃，在母亲一碗瓠子面的呵护下，一下子就温暖了起来，保证了一天的舒坦。可能正是因为母亲从小用面食对我的喂养，我也渐渐迷恋上了面条。工作以后，虽然远离家乡，但隔三岔五总会吃上一顿面，我也渐渐成了南通这个滨江小城的面店活地图。

村里有吃"冷饭"的习惯。家里来了客人，到了下午三四点钟的时候，让他们再吃点才回家。通常这时间会吃面，表示长来长往。如果家里拿出现成的挂面，客人多半客气着就走了；如果母亲说吃瓠子手擀面，多半他们会留下来。女眷们还会帮忙和面刮瓠子。那一顿他们会吃得比中饭还多，吃了这顿，晚饭就装不下了。

每年母亲总会留下几个老瓠子，取出籽来，送给前来讨要的邻居们。说也奇怪，论瓠子的长势，村里没有人超得过她。

母亲手擀面的花样在不断地翻着新，瓠子、南瓜、茄子、豇豆……无一不可用来下面，但我最不舍的还是瓠子面。现在想来，我的胃就是那时候被撑大的。

咸中有味

有人说，一个人来到这个世界，首先是用味蕾来感受这个世界的，并用味蕾开启了一个地方和一处生活的记忆。心理学家说，一个人最早也是最长的记忆在味蕾上，大约在七岁前就已经锁定了家的味道。在未来的日子里，无论经过多少年，无论身在何处，这种记忆一直休眠着，期待着，只要再次接触到家乡的饭菜，这种记忆一点就着。藏得虽然深，唤醒得却也快。

味道是一个地方的标签，打着一方水土的烙印，映射着一处人群的性情。如无锡的甜、长沙的辣、重庆的麻。家乡与南京近在咫尺，介于吴侬软语与北方官话之间，语言上属于北方官话，味道上也就多了点北方的厚重。

乡味偏咸。

家乡最咸的日子从冬季开始，一直延续到初夏。

腊月里，村里家家户户都杀了年猪。这个时节杀猪，肉通常是不卖的。再困难的人家都会留下足够的肉，腌起来，过一个有油水的新年。母亲每年都会留下整头的猪，腌上满满一大缸。她会把肉腌得比别人家的更咸一些，这样就可以一直留到来年麦收的时候了。

与咸肉一样不能缺席的，是咸菜。家乡有专门来用腌咸菜的大个儿青菜，名叫"糖寠菜"（音名），根肥叶阔，体大肉厚，一棵足有半斤重，四五十公分长。与雪里蕻比起来，身长不分伯仲，但腰围大了几圈，属于青菜中的"穆铁柱""郑海霞"。所谓"梅须逊雪三分白，雪却输梅一段香"，这样的菜清炒少了点滋味，但腌后却增了许多质感。

母亲打来井水，在冬日的阳光里一棵棵地清洗着，然后挂在绳子上晾干水分。大粒子的粗盐，一层菜一层盐地铺着，最上面放几根芦竹，用大石头一压，就算成功了。腌制的方法与肉一样，不放其他任何的调料。最简单朴素的方法，也最大限度地保留了菜与肉的原味。土法土腌，腌出的是土味，是家乡的味道。

天晴的日子，村里家家都晾晒着咸货。晒年货是村里人难得的"露富"机会，一种无声的炫耀，也是对生活幸福感最直观的诠释。肉的身价高，挂在向阳的屋檐下，既防猫狗偷嘴，又怕有人顺手牵羊。那高高在上的不仅有猪头、猪腿、香肠、肋条，还有整只的咸鸡、咸鸭、咸鹅，甚至是咸兔子。而咸菜身份低微，就直接简单地晾在了晒衣绳上，一排又一排，整齐划一。那段时间村里到处横陈着一道道的咸菜帘子，经过谁家的门口都飘着一股咸乎乎的味道。这时节村里人最常用的问候语是："哦哟，今年腌了不少啊！"对于我们这些孩子来说，这又是一个丰收的时节，充溢着收获的喜悦。在村子里转上一圈，我们就知道了各家咸菜的区别。谁家的快晒干了，谁家的还滴着水，谁家的咸死人了，谁家的淡而无味……一群熊孩子不光尝遍了村子里每家的咸菜，有时候还用三家不同的咸菜绞成辫子，盘在脖子上，一头放进嘴里，一直嚼到另一头，中间不带断的，直腌得嘴唇生疼也不肯放口。

家乡的这种习俗从过去一直延续到现在。直到今天，如果你途经句容，在近镇的马路两侧，你会发现挂满了整排整排的咸货，散着黏黏的味，泛着油油的光。咸货已经不止于家乡人自给自足的生活享用，更增添了与时俱进的商业气息。习俗正演变为商品，成为一种文化符号招呼着四面八方的朋友，传递着家乡人的热情。

母亲还有一独门秘籍，将没有腌完的糖窠菜用绳子晾在房梁上，让它自然阴干。刚开始晾的那几天，一进家门会被吓一大跳，像无数的长头发悬在梁上，屋子里飘满了青涩的气息。时间长了，这些原本青青嫩嫩的家伙慢慢变得干瘪瘦长起来，绿色渐渐地褪净，呈现出皱巴巴的黄色来。风干的菜用来烧菜粥，或是烧肉、烧豆腐美味无比。如果不说，那韧韧的嚼劲，让吃的人根本不知道这是青菜，还以为是笋干之类呢。

母亲说，这是她的发明。那年家里的糖窠菜种多了，缸里腌不下，又舍不得给猪吃，所以才想到这个好办法。开始只是先晾着，想用来烧菜粥。可是吃着吃着，就风干了，味道却越来越好了，从冬天一直挂到青黄不接的麦收时节，成就了这个特定时段的一道美味。

咸货的晾晒是要有一定分寸的。晒过头了，肉质太干，没了滋味；没晒到位，天一生暖就出了蛆虫，不能吃了。所以程度的拿捏也就成了各家各户想要追究的一种学问。当咸货晒到八九不离十的时候，母亲就会收进来，与风干的糖窠菜一起挂在梁上，既通气，又阴凉。这时候，家里的梁上就成了美味的仓库了。

入了初夏，麦子将熟未熟的时候，就是乡下人说的青黄不接的时节。田里的菜没有长成，树上的果也未成熟，田里的庄稼含羞待割。田里没的收，锅里自然就没的烧了。更为难过的是，这个时节村里人是不办婚嫁喜事的，一是菜品太少，菜价贵，二是天气开始燥热，剩菜不能存放。如果不是奉子成婚，实在没办法了，村里人是不操办宴席的。所以想借着吃酒席来改善生活的念头多半是会落空的。这个时候，母亲腌的咸货就充了大用了。

记得那时候家里米少，山芋也快吃完了，母亲就用腌咸菜的卤水调面糊给我们当早饭。说实话，那味道酸咸酸咸的，还带着点脚丫子的臭味，实在难以入口。通常我和弟弟非常地拒绝。有时实在没的吃了，也勉强吃上半碗，但接下来的几天里，是死活也不愿再尝了，满心满眼装的都是梁上的咸货。母亲看穿了我和弟弟的心思，切上一碗咸肉，放在饭锅里隔水一蒸，隔着几间房都能闻到那催人口水的香味。特别是中午放学回家，远远地闻到这样的味道，我们就一头扎进厨房，掀开锅盖，筷子也不用，直接将手伸进腾着热气的饭锅里，拎起一块就放进嘴里，烫得嘴都合不拢了，吐着凉气也舍不得松口。

在青黄不接的时段，咸肉是所有美味的起点和原因。烧冬瓜，烧竹笋，烧河蚌……田里河里只要有能下锅的，沾上它的肥味和咸气就是绝配。就是什么也不配，放几片在饭里直接一蒸，肥油渗进了米里，满锅的米饭都是晶莹透亮的。那咸香咸香的味道直接撩动着味蕾，什么也不用就，光白饭就能来上两大碗。如果这时候母亲切下咸肉纯肥的部分，在锅里熬到焦香，炒上几盘咸菜，那我们的嘴巴就又过年了。母亲的咸菜比南方的霉干菜有韧劲，有嚼头，粗纤维在肉油的滋润下变得滑爽多汁，饱满经嚼，真有"金风玉露一相逢，便胜却人间无数"的无名快感。家乡的咸味成就了初夏时我们幸福的时光。

那时没有冰箱，咸肉大多放不到初夏。我家的咸肉竟然一直可以吃到麦子收完，小秧插好，肉质竟一点没有变味。邻居们很是羡慕母亲的手艺，向她讨问有啥秘诀，母亲感到自豪的同时，自己也感到意外，"有啥特别的，就是腌得咸点。我们家有两只小饿狼在家呢，不腌咸点，吃不到夏天！"

也对，半大小子，吃死老子。小时候肚子里的油水少，食物不顶饿，只能靠量来充实，所以我每顿都能吃两大碗的米饭。母亲用她能想到的土办法让我们在青黄不接的时节里吃到了别人家少有的美味，也给这清苦的岁月增添了良多的期盼与回味。在母亲咸肉咸菜的喂养下，日子便迎风蹿高，捎带着把我的小个头像玉米一样拔高了几尺，在麻秆一样瘦高的身体里也种下了永远的味觉记忆。

咸中有味。

寂寂无风的山梁

乡下的日子就像村头的池塘，映着日升月落，迎送云聚云散，安安稳稳，秩秩序序，平平常常，波澜不惊。这样的日子，说平淡也平淡，说恬静也真是恬静，就像父亲每天骑着自行车天擦亮就去煤矿上班，天擦黑按时回到家里。当天上的霞光渐渐被墨色染透，炊烟没有了天光的映衬变得模模糊糊的时候，父亲就该到家了。

这天，到了晚饭点上的时候，父亲却没有回来。母亲从灶膛里直起身来，拍了拍围裙上的灰，"去，到路上看看，你爸该到家了。"

正要出门，突然，门口响起了自行车的铃声。我以为是父亲回来了，冲了出去。"爸"字还没有喊出口，立即又收住了。从车上跳下来的人不是父亲，而是他的同事。

"都在家哪，我来告诉你们一声，你家那口子今天突然晕倒了，现在还在矿上的医院里抢救呢，你们快去看看吧！"

母亲一听，先是一愣，随即冲出了门。才出去两步，又突然折了回来，冲着我喊："快，快把灶膛里的火灭了，看好门，我去矿上。"话音未落，母亲已经冲上了村头的马路。

我三下五除二拍灭了灶膛里的余火，交代了弟弟两句，也跟着跑了出去。

从家到煤矿有近三十里路，就是抄小道，也有二十多里。母亲一路小跑着往前赶，听到身后有声音，才发现我也跟上来了。她没有让我回去，只是边跑边提醒我："快点，跟着我，快点。"

天越来越黑，母亲带着我在田埂上飞也似的赶着路。不走马路，走田埂，穿村子，又可以省下好几里地。走在曲曲折折的田埂上，母亲的声音飘了过来："挑黑的地方下脚，发亮的地方是水泡子。"于是我像只小蚂蚱一样一蹦一蹦地跟在母亲的身后。穿过一个村，前面又是一个村……抬起头，看着远处村子里的灯火，是那么遥远，那么微弱，好像我在走，它在退，永远也赶不上似的。

父亲的煤矿在山里面，平时走小路，要沿着山脚绕上一大圈。来到山脚下，母亲突然停住了，她回头看着正喘着粗气的我："儿子，怕不怕，咱们娘儿俩走山上。"我知道，母亲是为了节省时间。为了早点见到父亲，母亲要在黑夜里闯山道呢！

"妈，我不怕。"我壮着胆子告诉母亲。"好，你跟好了。"母亲拉起我的手，就向山梁上走去。这时母亲才发现，她身上还围着围裙。她解下了围裙，握在了手上，"儿子，手里捡块石头，遇到什么东西，就砸。"不知道什么时候，母亲手里也已经握了一根树枝，既当拐杖，也壮着我们的胆儿。

山梁上静极了，一丝风都没有。在这个夏日的夜晚，山上的草丛里一定躲藏着蛇、蜥蜴什么的。虽然我知道不会有狼，但在这静得让人发慌的山里，走在一人多高密不透风的野草丛里，我感觉后脑勺一阵阵地发紧。山梁上是一条只能容一个人走的小道，是平时进山砍柴人走的路。小道边的草丛间隙生长着杉木树。这是一种长着尖长叶子、皮糙又多刺的树，平时村里人用来做房子的椽子。跟在母亲的后面，稍稍走神，冷不丁地一抬头，"唰"地在前面出现一棵，像有个人突然跳到你的面前，一瞬间全身都惊出了汗。

母亲说："儿子，会唱歌不，大声唱，再跑快点。"

我放开嗓子，大声地唱着音乐老师教给我的歌。一遍，再一遍。歌声随着深深浅浅的脚步时断时续，还带着点颤颤巍巍。在奔跑中，我用余光不时地注意着周围，我怕有什么东西躲在这些杉木树的后面，或是从哪个角落的草丛里忽然跳出个人来。

母亲的脚下像踏着风，而我跟跟跄跄地跟着，半是紧张半是累，满身满脸的汗。

终于，我们看到了远处煤矿医院的灯光。母亲把手里的树枝一扔，声音也变得亮了起来，"儿子，快，跑，要到了！"

我们几乎是慌不择路地跑下了山。母亲几次差点跌倒，她用手撑了一下旁边的草，紧跑两步又直起了身子，继续往山下冲去。那灯光似乎有着一种魔力，吸引着我，让我一下子忘却了一路跑来时的惊恐。盯着远处的灯光，我全身充满了力量，脚底也变得轻松了起来。

走到病房门口的时候，我见到父亲平躺在淡蓝色的铁床上，医生正在用一根如我手臂一般粗的针筒往他的血管里推着什么。母亲见了，放声就要大哭。刚一出声，就被医生给制止了："哭什么哭，眩晕症，没什么事。这么晚了，吵着人家。"

母亲被医生一说，迅速地收住了声音。刚才还紧皱着的脸，一下子舒展开了。她静静地走到父亲的床边，在一张方凳上坐了下来。突然，她又像弹簧一样噌地跳了起来："围裙，我的围裙呢？儿子，看到我的围裙了吗？"

我被母亲这突如其来的一问蒙住了，一时竟不知道怎么回答。母亲见我站在那儿发呆，又似乎想到了什么，语气立即放缓了下来，"饿了吧？"

我看着父亲，睡得那么平静，那么安详，我相信父亲一定知道我们来了。明天太阳升起的时候，他一定会醒过来的。

我说："妈，我不饿。"

哭够本了

父亲的眩晕症时好时坏,断断续续拖了有一年多。有几次在骑车的路上突然犯了病,连人带车一下子就冲进了路边的水沟里。从市里到省城看了一圈,医生也没有给个准信儿,猜想着可能是用脑过度了吧。父亲是单位的笔杆子,长期写汇报总结。那时候没有电脑,也没有"搜狐""百度",全凭干想硬写,想必是绞尽脑汁落下的后遗症。

在父亲生病的那段时间里,家里不时有朋友亲戚来探望。一天,家门口突然停了辆墨绿色的军用吉普,一看就知道矿上来人了。等到客人走后,家里就多了一堆好吃的,还有大包的糖和几瓶麦乳精。

那是我第一次吃到高粱饴,软软的,韧韧的,外面还裹着一层薄如蝉翼的糯米纸。一口咬下去,从舌尖到喉咙,一直能甜到脚后跟。而那糯米纸则会贴在舌根或是齿背上,痒痒的,直到溶化。

母亲每天会给我们分上一把高粱饴,我和弟弟你一颗我一颗地平摊,一包糖足足吃了一个来月。在分糖的问题上,我与弟弟是很和谐的。当弟弟吃完的时候,我还有一小半呢,我会很大度地分给他一些。我不是不想吃，是舍不得。记得一次在父亲的煤矿俱乐部看《从大西洋底来的人》，一个同学分了我两粒鱼皮花生。我将花生放在嘴里盘了又盘，直到外面一层全化了，才恋恋不舍地嚼着咽下去。一集电视看完了，我的嘴里还有半颗没有动呢。对于珍贵的东西，我总喜欢珍藏，小时候是这样，现在也是这样。直到今天，我还保留着师范练字时攒下的字帖，一堆的破旧不堪，但我像宝贝一样地收着，一心的舍不得。

　　单位为了让父亲好好休息，安排他去了毛主席的家乡疗养。父亲回来的时候带回来了一只随身听。这可是一个天大的惊喜，是做梦都不敢想的礼物啊。可以毫不夸张地说，这是全村唯一的随身听，尽管他稍显简单，只能卡住半个磁带。

　　常言说得好，人靠衣裳马靠鞍，狗挂铃铛跑得欢。这随身听就成了我的铃铛，走到哪里都要带着、显摆着。这可馋坏了弟弟，只要一空下来，他就要抢过去听一听。我常常借口学英语义正词严地拒绝他，小摩擦也就接连不断。母亲怕我们两个打起来，常常哄着弟弟，"你哥要学英语，等他用好了再给你听。"再看弟弟，气愤与无计可施全写在了脸上。

　　父亲只带回来了三盘磁带，一盘邓丽君的"靡靡之音"，一盘韩宝仪的"夏天夏天悄悄过去留下小秘密"。音乐好听，但少了当时流行的《黄土高坡》的爽快和劲道。第三盘倒是让我第一次认识了腾格尔。邓丽君与韩宝仪在后来的电视里没怎么见过，但腾格尔老师却越来越熟悉。一晃二十多年过去了，他似乎也没有多少变化。头顶上不多的几根卷发依然倔强着，坚挺着，而咬牙切齿的唱功亦没有因为年岁的增加而稍显吃力，反倒更加地炉火纯青了。

　　终于有一天，我和弟弟的争夺战发展到了不可挽回的地步。在一阵你争我夺之后，我一气将随身听重重地摔在了地上。"摔坏算了，谁都别想听了。"我也不知道自己当时怎么会有那样气急败坏的举动，要不怎么说冲动是魔鬼呢。

弟弟见我将随身听摔坏了，仰起脖子就号啕大哭。母亲见我摔坏了机器又弄哭了弟弟，操起根棒槌就追着我打，足足绕着老屋追了三四圈。

而弟弟呢，更是一头倔驴，一哭起来就像闸口放水，一发而不可收拾。母亲见弟弟没有一点想停下来的意思，就连连去哄："别哭了，别哭了，好了，好了，我打了你哥哥了。"可弟弟还是仰天长啸，一点没把母亲的安慰当回事儿。一边哭还一边控诉："我就是要哭嘛，我就是要哭嘛。"

"哭，哭，哭死拉倒。"母亲棒槌一扔，转身走开了。身后留下弟弟更加努力、更加肆无忌惮的哭声。

弟弟着实是哭上瘾了，一晃半个多小时过去了，声音依旧很大，但嗓子明显已经哑了。突然他喊了起来："妈，妈，快来啊，我的手麻了，不能动了，快来啊！"母亲跑过来一看，弟弟两臂僵硬着，手指弯曲着，已经不能动弹了，就知道他哭够本了，该是收声的时候了。

母亲忍住不笑，故作惊讶，"不得了了，不得了了，再哭就要死了。快，把眼泪擦了，上床躺着去。"

弟弟立即收住了声，爬到了床上。虽然浪头已经过去，但余波尚未平息。可能是这车刹得急了点儿，躺在那儿，身体还是一抽一抽的。

不一会儿，他睡着了。

最好的安排

树有瘤，木有结，那是生命在跨越了沟壑的阻挠后留下的痕迹。当年近天命，回首再看，在岁月的年轮里，有那么几个痕迹是以生命作为抵押的。而帮你赢过挑战的，往往是那些直到最后也不愿放弃你的人。

据爷爷说，我刚出生的那两年，是个病秧子。极瘦极弱，一发热就会惊厥，眼睛一翻、腿一伸就抽过去了，是个很难带、不让大人省心的孩子。

一次发热到了四十度，一下子就背过了气去，眼看着就不行了。乡医院里值班的医生都来试过了，没有一个有办法，更没有一个可以将我弄醒过来。看着我手脚都开始发凉了，医生摇着头，让爷爷将我抱回去，听天由命吧。

不服命运的爷爷怎么也不相信，他的大孙子会这样就没了。他放下了做校长的斯文，抓着值班医生的领口，伸手就要打。奶奶和母亲干脆扑通一声跪在了医生的面前，抱着医生的腿一个劲地求情，就差磕响头了。

这是我生命中遭遇的第一个坎，绝望，无助，最后的一丝光亮也要熄灭了。就在生死临界的时候，老院长被吵醒了。他告诉爷爷，只有最后一个办法，如果孩子还醒不过来，就是拆了医院也没有用了。

老院长拿来一根手指长的针，从我的脚心一下子捅了进去。我奇迹般地"哇"的一声，从鬼门关里又跳了回来。

懂事后，爷爷说，我的小命是捡回来的，医院都不要了。要不是老院长那一针，我早就不知道在哪儿了。

爷爷的话虽然说得很严重，但我丝毫没有一点记忆，就当听故事一样。我生命中的第一个坎是长辈们帮我跨越的，于我而言是一段故事，于他们而言却是一段刻骨铭心的经历。就如鸟儿曾经在我的头顶飞过，虽然现在了无痕迹，但它曾经真实地来过，亦如我曾经经历过生命的休止符。

父亲是一个三脚猫的电工，家里的开关与电线都是他处理的。看着他非常简单地处理着这些事，我觉得那么简单，我也可以操作一二。

为了省电，父亲在家里的火表后面装了个总开关。家里没人的时候，总开关一关，既防止电线老化失火，同时也省了不少电。

一天，我和弟弟在厨房里玩，见灶台上放着一只螺纹的灯泡，我心里想，是父亲忘记装了吧。这么简单的活我当然可以完成。于是搬来凳子，让弟弟扶着我就站了上去。很简单地，我就将旧灯泡拧了下来。就在往里拧新灯泡的时候，我突然感觉好像谁拍了我一下，全身一颤。我下意识地转过头，却没发现人。当头再转过来的时候，我顿觉全身剧烈地颤抖。

我触电了。

那一瞬间我的头脑还十分地清醒，我用力地咬紧牙，想将灯泡从手里扔掉。可是只是一两秒的光景吧，我的身体已经瘫软了下来。我从凳子上一下子摔了下来，身体重重地砸在了脸盆架上，半脸盆的水全翻在了我的身上。

我使出最后的一点力气，用力地叫弟弟："晓刚，快关总开关。"话未说完，就失去了知觉。

当我醒来的时候，我已经躺在了门前晒干的水花生上面。弟弟正跪在我身边，眼泪鼻涕地推搡着我。见我醒了，他一边哭，一边带着兴奋喊道："哥哥，我以为你死了。你不能死啊！"说完，又哇哇地大哭起来。弟弟是一个哭怂，一开腔就没完没了。

我缓了好久，才坐了起来。再看左手的食指，中间部分已经烧成了一个花生米大小的洞。奇怪的是，却没有一点痛觉。

我让弟弟用砖头砸我烧成了洞的手指，弟弟不敢，我就自己砸。一下，两下……十下，十一下……依然没有一点痛觉。我吓坏了，难道我的手没用了吗？

邻居见我们弟兄俩坐在地上哭，不知道发生了什么事，逐渐围拢了过来。听说我触电了，一个个惊讶得不知道怎么办才好，有的人已经冲出了村子，去田里叫我母亲去了。

原本没有哭的我，见母亲回来了，突然觉得心里有太多的委屈，也随着弟弟大哭了起来。与弟弟不同的是，我是后怕。我清晰地记得，当时我怕的竟然不是自己，而是弟弟。我怕弟弟也会像我一样不知电的深浅，胡乱地出事。所以一边哭，一边警告弟弟，不许玩电，还必须让他当着母亲的面保证。记得那次弟弟至少向我保证了不下十次。其实不用多讲，看看我手指上被烧出的洞，弟弟已经吓得魂不守舍了。我的叮嘱只是加重了他的害怕，所以直到现在，已经过了不惑之年的弟弟依然对电敬而远之。

接下来的一周我是在颤抖中度过的。吃饭在抖，说话也抖，走路更抖。睡着了抖不抖我不知道，但只要一醒过来，就一直抖着。

父亲带我去乡医院、去煤矿医院找了好几个医生。医生都对我手指上的洞很感兴趣，拆开来看看，再给包上。对我一直在抖却无计可施。说是再观察观察，说不定抖抖就好了。母亲问医生，我的脑子会不会被电烧坏了，将来会不会是个傻子。医生同样说，再观察观察，如果还能上学，就不算傻了。那年我十二岁，五年级；弟弟十岁，三年级。村里人悄悄指着我的背影说，这就是那个没电死的孩子。

我手上的洞是半年后才长好的，成了一个死疙瘩，完全没有了知觉。脑子还好，没有变傻。因祸得福，身体过了电后倒变得健康强壮了起来，这是母亲所没有想到的。

弟弟告诉我，那天见我跌下来，他跑去拉开关。十米不到的距离，他推倒了一张椅子，踢飞了一只畚箕，中间跌倒了两次，但一秒钟都没有耽搁。他说："哥哥，我以为你要死了。你死了，我就再也没有哥哥了。"说完，又想哭的样子。

生命遭遇的第二个坎是弟弟帮我越过去的。手指上的那块僵死的肉让我经常想起这一段，并时时提醒我——当生命遭遇偶然时，冥冥之中会有必然的安排。就如我抽筋时，爷爷拉住了医生的领口，我触电时弟弟恰好在场。

人的一生中，总会遭遇几个自己无力应对的坎。只有始终不放弃你的人才会帮助你跨越这些生命之坎，陪伴你慢慢地愈合创口。珍惜你所拥有的人与物、时与事，相信生活已经给了你最好的安排。

"有你们真好！我的亲人，我的朋友。"我常常在心里这样说。

枕着王勃睡觉

奶奶年近九十了,近半年来身体每况愈下,已经到了需要母亲和婶婶轮流值守照顾的程度。那天我去探望,奶奶用手指了指墙角说:"去,到你爷爷的书橱里看看,他们都不要了,你看有什么有用的书,拿走留个念想。"我知道奶奶是在交代后事呢。自打爷爷走后,这个书橱遮灰的布帘子就一直没有拉开过,上面的书已经积满了尘灰,书页已经焦黄发黑了。

这里曾是爷爷最为宝贝的地方,也是他精神永远压不弯的力量源泉。我突感鼻子发酸,随即拉起了帘子,"奶奶,不急,等您养好了身体我再来挑。"奶奶没有作声,也没坚持,只是闭着眼睛似乎在养神。

爷爷是个在私塾读书、从师范毕业的"老学究"。八岁丧母,十一岁丧父,是姐姐帮着拉扯大的。由于男丁金贵,所以全家举力供他读书。那年,他背着一小袋米徒步一百多里走进了南京的栖霞师范。

奶奶进门的时候,爷爷还没有毕业呢。

打从我记事起,爷爷就一直在我的耳边唠叨:"读读读,书中自有黄金屋；读读读，书中自有千钟粟。"还说："万般皆下品，唯有读书高。"虽然我不是很能听懂，但觉得说起来挺顺口的。后来长大后才知道，爷爷还省去了一句——"书中自有颜如玉"，这么重要的启蒙竟然给他删减掉了。

爷爷最自豪的事情就是在客人面前让我背诵古诗来炫耀。亲戚朋友来了，三杯小酒下了肚，脸红微醺，他就把我叫到桌前，当着客人的面背上几首，仿佛我是他们下酒的小菜。在客人们的赞许与附和声中，爷爷又会多喝上几杯。那种超越了酒菜的满足感铺得满桌子、满堂屋都是。

放假天冷，做作业常常手脚冻得生疼。但爷爷也不让我闲着，拿出一本线装的老书，字字斗大，竖着排列，没有一个标点符号。他折出一页："去，把这首诗背了。"这便是王勃的《滕王阁序》。

初读起来，有一小半的字我是不认识的。爷爷给我配了一本红色的小《新华字典》，让我自己去查。这哪里是背诗啊，对一个孩子来说，那么老长的东西，是想要我的小命啊。

爷爷对《滕王阁序》的痴迷达到了与生活水乳交融的境界。高兴时他会摇头吟来"落霞与孤鹜齐飞，秋水共长天一色"；酒后伤感时，他要背诵"嗟乎！时运不齐，命途多舛。冯唐易老，李广难封"；工作受阻，无处发力时他会说"三尺微命，一介书生"；与儿女斗气时，他会用"老当益壮，宁移白首之心？穷且益坚，不坠青云之志"来表明自己的不屈不挠；过年了，连春联上都会写着"物华天宝，人杰地灵"。一篇《滕王阁序》被他喜也用，悲也用，乐也用，忧也用，用得自然通透，仿佛千年前的王勃是专为他量身定做了一面命运的镜子。

爷爷的字极好，一手漂亮的馆阁体，严谨不失风度，瘦精更显风骨。他将诗中最为悲壮的"嗟乎"一段抄录下来，装裱成轴，悬于书桌前，每每吟诵时，我似乎都能听到他的骨头发出铮铮的响声。这可能就是中国老一辈读书人面对外围世界无能为力时，在修炼自己坚强不屈的内心气场吧。

爷爷家的东山墙边堆着一个大大的稻草垛子，足有两个成年人那么高。这是要从这个冬天用到明年麦收时的柴草。乡下最缺的不仅有米粮，更有柴火。入了秋，田埂上高高的蒿草就被割了下来，整齐地倒在一边晒着。棉花秆，黄豆秆，树枝，能烧的都会被整理出来，拉回村里。有些人家要办大事，还要去远在十几里外的高骊山去砍柴。房子有空余的人家，将柴草堆在屋子里。爷爷家孩子多，房子紧，只能将这些柴草堆在山墙底下了。

稻草垛子旁边有两个竖着排列的石鼓，我们一直拿它们当马骑。石鼓被我们骑得锃亮锃亮的，像被打过蜡，能折射出刺眼的光来。当时并不觉得奇怪，现在想来，那一定是个大户人家用来看门护院的。村里人家建屋做地基，缺石头，宁愿去十几里外的山上打石头，也不敢动这两个石鼓的心思，怕触怒了神灵，不吉利，所以从小到大它们一直安然地杵在那里。

冬日正午的阳光温暖又柔软，我捧着线装的《滕王阁序》，就着稻草的香味开始背诵。骑在石鼓上读"豫章故郡，洪都新府"；倚在石鼓上读"星分翼轸，地接衡庐"；坐在草垛上读"雄州雾列，俊采星驰"；躺在草窝里读"千里逢迎，高朋满座"……时间长了，再抬起头来，眼前一片明晃晃的，什么也看不见了。闭上眼睛小歇一会儿吧，微微的风，暖暖的阳，晕晕的头，酸酸的眼，我在冬日的午后睡得像只草窝里的狗崽子。

爷爷的严厉通常是在上午，在大多数情况下，下午他是在酒后的呼噜声中度过的。屋里的爷爷有节奏地打着鼾，屋外的奶奶忙着各种家务。到了下午三四点钟，太阳失去了火气，冷风一揪，我便从草窝里醒来了。书不知什么时候被压在了脑后，皱皱巴巴的，像刚睡醒的我，冷得有点发抖。忙了一阵子的奶奶突然发现孙子不见了，站在门口就喊。我捧着书晃到她的面前。见我还在背书，奶奶心疼得不行，"这老头子，自己睡觉，还让孙子背这东西。来，书给我，玩去吧。"我就坡下驴，算是奉旨弃书，喜不自胜地逃脱了。

爷爷的强迫式背诵是我最早的古诗文启蒙。小学三年级前，我的肚子里少说已经有了六七十首诗了。这与当下的孩子可能无法相比，但在当时的农村，我已经是一个全村有名的聪明孩子了。那些死记硬背的诗文多数成了记忆的残片，在后来的日里子偶尔会跳出来，活跃在我的笔下，抑或是再读时给予似曾相识的惊喜，渐渐地，渐渐地，它们也汇聚成我的精神泉眼。

在众多的诗人中，我对王勃有一种特别的喜爱。不仅因为他的"落霞与孤鹜齐飞，秋水共长天一色"，也不仅因为他的"海内存知己，天涯若比邻"，更因为他曾经留给我一段充溢着情境的线索记忆——萦绕着淡淡的稻草香味，阳光下暖暖地睡去，王勃和他的《滕王阁序》成了一个孩子助眠的枕头，从正午陪到斜阳。

冬至的青烟

但凡重大的节日，都会有预热。就像冬至之于春节——过了冬至，就进了年关，种种忙碌都在为过年准备着。

冬至这天，村里家家户户都要祭祖，村子里弥漫着烧纸钱留下的淡淡青烟。

村里的习俗，主持祭祀的必须是长辈男丁。以前家里年岁最长的是爷爷，他领着我们叩头上香，仪式隆重且庄严。

冬至前的几天，奶奶会买来一叠的银箔与草纸。晚饭过后，洗漱停当，一家人便围坐在一起折"锞子"。这活儿技术含量不高，却十分讲究。奶奶说，纸钱一张一张地烧，那都是零钱，折成锞子，就是银元宝了。乡下人的孝顺显得直截了当，想着有钱花了，祖先们在那头就会活得自在些，也就愿意多花力气保佑后代子孙。这里面包含着朴素的因果暗示。孩子们不以为然，但随着年岁的增长，大人们却越来越愿意相信这其中的奥妙了。

祭祀那天爷爷是极严肃的，不容许任何人插手祭品的摆放。他会亲自下厨做上几个小菜，摆上酒和饭，点香磕头。有几次，我发现爷爷将筷子放在了碗的左边，刚想帮他调过来，就被制止了。

"祭祖的筷子就是放在左边的，不要动。"爷爷很严肃地警告我。但这种严肃并不能消解我心中的纳闷，难道祖先们都是左撇子吗？

磕头的时候奶奶和母亲还在灶台上忙碌着，听到爷爷在喊："老太婆，来磕个头。"奶奶就一边解着围裙一边小跑着过来了。来到桌子前跪了下来，用手作了几个揖，然后跪了下来，拜上三拜，边拜还边说道："陈家的祖宗们，要保佑我们一家平平安安啊！"那口气不像是虔诚的祈祷，倒好像是在给祖先们布置工作。一说完她就又小跑着进了厨房。对于奶奶在这么严肃的场合调侃祖先，爷爷是很有意见的，但又是敢怒而不敢言。他的解释是，奶奶年纪大了，她这是为了大家好才这么说的。其实，爷爷是没有办法，他的严肃对奶奶而言，毫无威慑力可言。

桌上的供菜在外面的锞子全部烧尽之后必须要端回灶台。在这之前是绝不可以偷嘴的。村里有一种传说，谁要是中途偷吃了，祖先们晚上是会来摸他的嘴的。这其实是吓唬孩子们的，但非常有效。这是为了维护仪式的严肃性。如果在这样庄重的场合，孩子们一会儿来偷个嘴，那不成了凉餐会了。所以乡下的祭品大多是半熟的，从根本上就断了孩子们偷吃的念想。

一年之中，这样的祭祀没有几次，庄重的仪式最怕的就是被孩子们的调皮搅和了，所以这天我们都会装得乖乖的，生怕引来爷爷的责备。但我们也不会白等，那天的午饭特别地丰盛。孝敬完了祖先，留下的菜就给全家人尽情地享用了。逢年过节吃得好点，这是乡下人最质朴的做法了。

在时间的面前谁都不是宠儿，每次祭祀都是对生命情感的一次刷新与存续。当年岁越过不惑，生命已经走过了半程，亲友之中生的喜悦锐减，而离去的悲伤在激增。这时我才突然发觉，祭祀是对祖先的告慰，又何尝不是对现世的唤醒，唤醒对当下时光的珍惜。

那天，家家屋前都有一堆给祖先烧钱的灰烬，村里弥漫的青烟伴着悠悠的菜香一直可以萦绕到傍晚。

传统的节气都附带着朴素的情感。对生命的尊重，对祖先的敬重，让节气有了仪式感。可是真正理解节气的意义需要时间文火的熬制，需要经历的叠加。人的一生正是在穿过了一个个节气的门槛后，完成了全部的历程。又到了冬至，可是爷爷奶奶都已经离开我们有几年了。遗憾的是，那时贪玩的我竟没有记完整祭祖的环节。

我用纸包打了一大包的锞子，写上家乡的地址和爷爷的姓名，想给那头的他送去一点问候。青烟打着旋儿，升腾着，然后四散开来，飘过了花圃里的蜡梅，飘过了一片夹竹桃，飘出了墙，飘向老家的方向……

一瓶容酒醉一年

老家的男人多善饮。

据说,清朝末年那会儿,长毛(太平军)起事,句容是主战场。经历过战乱,本地的人口十不存二,于是很多湖北、河南人迁来句容定居。听爷爷说,村里的陈氏祠堂有记载,我们村里陈姓人的祖上多有可能来自河南。或许是中原人迁入的缘故,也带来了善饮、豪爽的酒风。

在句容人的眼里,只有白酒才叫酒。家乡人尤爱句容自己产的白酒——容酒,价廉物美,口味正宗。春节走亲访友,吃的菜可以五花八门,各家各样,但酒通常只有一种,容酒。亲戚来了,如果拿黄酒或米酒招待,善饮的客人是会生气的,太过怠慢了。每每有客人来访,老家的人都会异常热情,总怕菜不够,显得小气了;更怕酒不够,客人喝不好。于是,常常是菜盘子叠了又叠,酒瓶子空了又空。

爷爷是太爷五十岁那年的老来子,上面有五个姐姐,我也就有了五个姑奶奶。五个姑奶奶生了九个儿子,我也就有了九个叔叔伯伯。其中年龄最大的那个伯伯只比爷爷小两岁,看上去样子比爷爷

侯德剑 画

还老，可酒量深莫能测。

每到大年初二，这些伯伯叔叔们都按年俗给爷爷——他们的娘舅拜年。爷爷知道这些外甥们酒量大，又在新年里，大可以放肆一些，所以早早就备下了好几箱的容酒。外甥吃娘舅，一吃吃翻天，这是乡下的习俗。菜好孬在次，酒得管够。

爷爷烧得一手好菜，当然得一展厨艺。在厨房忙碌的时候，桌子上已经开席了。通常这些外甥们人均一瓶容酒，各倒各的，推杯换盏间瓶就见了底。待爷爷忙完了最后一道菜，将大碗的肉汤端上桌后，几个外甥已经醉眼迷离了。但是他们没有忘了给娘舅敬酒，每人再来上两杯，空腹的爷爷瞬间就醉了，醉得无比地舒畅，无比地自豪，无比地满足。谁要是有这么多的外甥，这酒不喝也能醉到十五。

酒过七分，桌上的情景就完全不一样了，一扫过年的客套与礼数，心扉敞开，原形毕露，情绪也失控了。记忆中两种情形印象深刻：要么，你我兄弟相见恨晚，一年没见的表兄弟双手紧握，如胶似漆，有叙不完的情谊，讲不完的故事，吹不完的牛皮；要么，经酒一激，过往的委屈、曾经的过节涌上心来，话不投机，声音渐高，拍桌子打板凳，蹬鼻子上脸，就差掀了桌子。通常这时候，爷爷眼睛一瞪，杯一举，他们也就不作声了。杯酒释前嫌，毕竟娘舅最大，何况还是在娘舅家呢。爷爷坐在桌子最大的位置上，大年初二，不理是非，不讲对错，他只是慢吞吞地抿着酒，一边喝着，一边打量着这一群长大了的、熟悉又陌生的外甥们。

酒后再看，爷爷躺在床上，鼾声长长短短，震得茶杯盖子嗒嗒地响。那几位伯伯叔叔千姿百态地躺着：直接伏在桌上的怎么推搡也醒不来；睡在躺椅上的披着大衣在太阳底下睡得正香；还有那强作清醒的,手里捧着的茶杯随着头一点一晃,摇摇欲坠甚是危险;竟然有两个还真没醉,正在前言不搭后语地聊着天,天南地北,东一榔头,西一棒槌,惹得姑姑婶子们咯咯直笑。

酒精就有这种神奇的作用,它能将包裹的心绪扯开一道缝,让心里的快乐喷涌出来,与兄弟们分享;它也能将心里隐藏的不快扯将出来,说了,骂了,发泄了,心里也就敞亮了。酒是一剂解药,能给心里的幸福加码,也能活化生活的瘀伤。一瓶容酒,或许不是万能的,但能给身心筋骨一阵短暂的喘息,给兄弟们的心胸增加一道敞亮的光,给情谊增添一点亲情的砝码。待到酒醒时,依旧兄是兄,弟是弟,长幼有序,尊卑有别,生活又回到了原来的轨道。

酒意里的时间总是过得飞快,不觉已近黄昏。迎客的鸡蛋送客的面,奶奶下了一锅面条,给没有喝酒的姑姑婶子们吃了,该是回家的时候了。

爷爷的鼾声依旧如雷,叔叔伯伯们摇摇晃晃的身影渐渐消失在田间的薄暮里……

一瓶容酒,迎来了老家句容豪爽又敞亮的一年。

现在，当我拿起笔，回忆并记录东昌老街，记录家乡的片段的时候，家乡已经不再是一个村落，一条老街，他更是父亲母亲、爷爷奶奶，以及更多的亲人与朋友在我心中生怕消失的影子。

第二章 老街,东昌

老街的荣光

山隐『神仙』在吾乡

老街,欠我一个包子

瘸子『表舅』

五角,十枪

烫头·修面·大师傅

国营老澡堂

懵懵懂懂的离开

老街的荣光

生于斯、长于斯的小镇,名叫东昌街。

小镇很小,只有一条横贯东西的老街。老街不长,至多三四百米;老街也不宽,刚够两辆小车交汇。清晨起来,对门生炉子,烟灰都能搅到一块儿。递个东西,走两步就到了对方的手里。隔街聊天,可以轻声细语。我的村子,就在小镇南边一里多的地方。

小镇是我最熟悉的地方,因为那里封存着我的童年和少年。

十几里外,四百多米的高骊山泉水丰沛,顺着山势而下汇聚成一条宽不过数丈的小河。小河穿街而过,将小镇的老街分成了东西两截。河上有一座单孔石拱桥,桥身的青石青砖上布满了青苔,像岁月留下的老人斑。

石桥的西面是主街。油条包子铺,日杂农具、剃头修面的店一家挨着一家。说是铺子,其实也是家。前店后家,家家将要卖的东西放在店外,远远就能看到,显得十分繁荣。石桥的东面就冷清了许多,只有一所中学、一个乡政府和一家医院。平日里,除了上学的孩子、当官的领导和经过的路人,乡里人如果没有官司,没有生病是不往桥东走的。

小镇虽小，但名字吉利。东昌，东昌，东方昌盛——老辈人都这样解释。

据说，家乡这条老街的年岁可以追溯到秦朝。那时它还只是村落里的一条小道，设有一家小小的驿站。沾了茅山道宗——"秦汉神仙府，梁唐宰相家"的光，小镇坑坑洼洼的老街上或许曾走过秦始皇拜谒茅山的车马、颜真卿魂归虎耳山的忠魂、徐九思巡视乡里的锣鼓，刘伯温寻觅龙脉的足迹到过这里也未可知。

传说有待考证，县志里的记载倒是十分可信的。早在南宋的时候，东昌老街就已经成了人头攒动的集市。南宋初年，乡里出了一位光耀门楣的大人物——巫伋。官做到了枢密院事兼参知政事，与岳飞、秦桧同朝为官。乡邻们不知道这是一个多大的官，但从他豪爽又阔绰的捐赠中可想而知，着实不是一般的大。他捐钱在老街的南面建了一座昭圣寺。看寺名就能猜想出巫大人的恭维之心。可能因为口音的缘故吧，从我懂事起，乡里人都叫它"照近寺"。这种转换与嫁接显得天衣无缝。烧香拜佛为的是什么？不就是求个人口平安、风调雨顺吗？"照近寺"就是要关照近处，让附近的十里八乡受到佛祖的庇佑。农民用最朴素的称呼说出了心里最朴素的愿望。因为实用，接了地气，便显得亲切、自然，这"照近寺"的称呼就一直传到了现在。

我不知道远在千里之外的宋高宗赵构能否感受到巫伋大人的这份孝心，但寺庙的建成却给老街带来了实实在在的巨变。香客络绎不绝，商贾汇聚成市，每年三月廿五还多了庙会。眼看着寺庙带来了人丁兴旺与商贾的兴盛，有识的乡绅感念巫伋老人"为民茂德丰功，使东方昌盛"的造福之举，将这里的庙会称为东昌庙，而这条街，就成了东昌街。

寺庙在扫四旧的时候被"扫"没了,原址后来成了和尚后代的家。但老街因为聚集了人气,在岁月的风风雨雨中步履蹒跚地走来,却也结实,成了一代又一代像我这样的孩子撒欢的牧场。

明代初年,朱皇帝建都南京,而离南京一百多里的东昌街,有幸成了中国首个都察院的临时所在地。这样想来,小镇的祖上曾是何等的荣耀与光鲜啊。

山隐"神仙"在吾乡

说到江南,很多人都会想到小桥流水人家,想到家家枕河,户户摇橹。然而未必,家乡句容,却是另一种风格的江南。

家乡在长江中下游平原的边缘,地势起伏错落,阡陌纵横崎岖,称作丘陵。相比于下游平原的一马平川,他显得风骨粗犷;相比于上游的崇山峻岭,他显得温和亲切。

家乡也多山。山不高,隐有"神仙"。

从小镇东昌街往南,不足百里的范围内,有两座山,一座茅山,一座龙山。

茅山名气很大,一半缘于它身世辉煌,另一半缘于各种神怪志异的传说。茅山是道教上清派的发祥地,因西汉景帝时的茅盈、茅固、茅衷三兄弟在山中修炼,采药治病,惠及百姓而得名,尊享"上清宗坛"的头衔,"第一福地,第八洞天"的美名;"茅山老道"更是助长了茅山的神奇与玄幻。宋明以来,茅山一直是朝廷聚兵御敌、帝王执教安民、文人避世归隐、善男信女朝圣之地。

传说秦始皇曾经不远千里来茅山求取不老神药,希望能够仙寿永昌,还在茅山埋下了一双白璧。传说已经无据可考,但史册记载却让茅山拥有了实实在在的神秘。东晋时期，小仙翁葛洪隐居山中，修道炼丹，著成了《抱朴子》。梁武帝诏请山中的陶弘景，陶公回复："山中何所有，岭上多白云。只可自怡悦，不堪持与君。"从此，两人惺惺相惜，书信不绝，成就了陶公"山中宰相"的传奇。陶公原来的居地松风阁，康有为也曾一度悄然隐居于此，并重新手书"松风阁"三个大字，制成匾额悬于书房，成就了一方文化胜迹。用"山不在高，有仙则名"来形容家乡茅山的神韵再准确不过了。茅山高不过三百多米，七峰连珠，云雾与磬音齐飞，层林共楼阁五彩。

茅山，仙气飘逸。

龙山，又名虎耳山，其实只是一道小丘。山体平缓，车辆稍不经意一划而过，竟意识不到它的存在。宋史以来，不断有书载民传，说是当初平定安史之乱的大书法家颜真卿埋骨于此。据明代《弘治句容县志》记载："德宗时，颜公为李希烈所杀，年七十六。皇帝诏子頵硕护丧，还至句容，葬于苏乡虎耳山。子孙迄今成族，有颜鲁公祠墓，其村曰后颜村。"至于颜公最后的归宿在哪儿，当下的争论至少有六七个地方都言之凿凿，一代忠魂归葬句容龙山也只是一说。

作为孔子最得意门生颜回的后人，颜公的先族们倒是着实从老家曲阜迁住过当时的建邺（南京），而且经历七世。从这个角度来说，颜公归葬南京城南的句容，也在情理之中。其实，龙山上埋葬的是颜公的真身也好，衣冠也罢，这些都已经不是最重要的了，讨论与争执本身就是文化。重要的是，家乡这个名不见经传的小地方与遥不可及的一代忠魂、翰墨圣贤发生了如此亲近的关系，着实让人吃惊。这种幸福来得太过突然，突然得让人一时不敢相信。"天地有正气，杂然赋流形。"邻村格桥头与颜家村竟有颜氏族人的后代，我的几个颜姓同学，说不定他们的血管里还流淌着柱国忠臣的基因，这无疑是件值得庆贺的事情。

龙山，正气丰盈。

从小镇东昌街往北，不出三五十里地，也有两座山，一座南山，一座高骊山。

南山低调，山幽林密，清纯脱俗，不事宣扬。很少有人知道，刘勰在此写成了恢宏巨著《文心雕龙》；也很少有人知道，梁朝昭明太子在此完成了《昭明文选》。

山中有一座招隐寺。原本是东晋时大音乐家戴颙的私宅。戴公隐居南山，一曲《广陵散》空前绝后。戴公驾鹤西游之后，他的女儿矢志不嫁，将家宅变成了寺庙，遂名招隐寺。青山藏古寺，绿荫映佛光，庙宇聚灵气。一座山因为有了寺庙，人心就有了安放的地方，日子也就可以踏踏实实地过下去。

草木有意，山水留情，或许是《广陵散》的感召，或许是梵音的清越，使得宋代大书法家米芾、米友仁父子在这儿一住就是四十多年。千百年后，一丛花草的背后，一块顽石的面前，一片竹林的深处，一弯小径的尽头，处处留有他们的行迹与墨痕。

招隐寺的柱廊上有一副对联："烟雨鹤林开画本，春咏鹂唱忆高踪。"循联望去，南山烟雨迷蒙，远山近树隐约其间，极尽江南景致风韵，成就了"米家山水"创意的生活原点；循声听来，山林中鸟鸣虫奏，泉声婉转，依稀还有戴颙指下流淌的琴声。徘徊其中，你会在不经意间邂逅苏东坡的"苏公竹院"，你会在信步中踏进周敦颐的"茂叔莲池"，你或许还会在沈括奋笔疾书《梦溪笔谈》的茅亭里小憩而不自知。文化的厚重与天然的生态水乳交融在一起，彼此浸润，彼此涵育。南山恰如家乡的读书人一样，害羞又谦逊，深沉而温婉。

南山，文气沛然。

高骊山离老街咫尺距离。我很小就在想，为什么名叫高骊呢？

但凡山要有点名气，通常都会有神奇的传说，传说又多少带有奇想与杜撰的成分。说是在梁武帝时，老街与高骊山都在一片汪洋之中。有高骊国公主船行到此，恰遇龙王载一船宝贝前来逼婚。公主没有答应，于是船翻人亡。公主化为高骊山，而龙王的宝船就化身成了对面的船山。说来也奇巧，在后来的地质考察中，的确在山里发现了许多贝类与鱼骨的化石，传说多少还有了一些现实的影子。当年诗人张若虚的"春江潮水连海平，海上明月共潮生"就是站在离高骊山十多里的镇江城头写成的。这样想来，沧海桑田是怎样天翻地覆的造化啊！高骊山多石灰石，成了家乡人赖以谋生的矿藏；船山有宝，也成了家乡有名的铁矿。开矿还出了温泉，记得当时几分钱就可以泡上几个小时黄乎乎的澡，倒也造福了一方乡邻。

高骊山与船山之间只隔着一条二三十米宽的公路，从地势上讲，两山夹道成了最好的伏击场。当年新四军粟裕与陈毅的部队，南下江南第一仗就是在这个小道上打响的。一举全歼了小鬼子，成为江南首捷。今天路过这里，高骊山的半山腰上还竖有一道花岗岩的石碑。碑身高大入云，碑头上竖着一把冲天的刺刀，伟岸且粗犷。碑身刻有陈毅元帅的纪念诗文："弯弓射日到江南，终夜喧呼敌胆寒。镇江城下初遭遇，脱手斩得小楼兰。"但凡驰名的山脉，难免人工痕迹，失了野趣。倒是家乡的高骊山名不见经传，依旧保持着原生态的韵味，竟凭借着它奇特的"单面山多峭壁"的气质，翠竹苍松密布，荆棘藤蔓纵横，成为华东地区难得的驴友攀爬胜地。

高骊山，豪气流岚。

家乡的四座山，如四座盆景，静静装点着家乡的风景，也涵养着家乡的气质，铸成了家乡人的性格。茅山的仙气、龙山的正气、南山的文气与高骊山的豪气，成为家乡文脉的渊源，如山泉汩汩，日夜滋养。而那些曾经生活其间的"神仙"，他们的成就，他们的精神，他们的传奇，生时影响百年，死后更影响千载。

家乡简单，却又真不简单。

有人说，生活是一代人对另一代人的覆盖，记忆如果不经常地擦拭，就会渐渐消失了原先的痕迹。那么，就让我这个离家已经三十多载的游子，记下家乡山的点滴，捡拾起家乡碎片般的记忆吧。

老街，欠我一个包子

现在想想，应该是我晚生了好几百年，从记事起，就没有见过小镇上有什么飞檐翘瓦、衙门祠堂，也不知道街上曾走过高头大马、官辇仪仗。只记得老街上整天都飘着油炸面点的香味，蒸笼里散发着诱人的白汽，那味道与白汽牵得喉咙痒痒的，口水汪汪的，眼珠直勾勾的。那时候，我最快乐的事情就是跟着爷爷奶奶到街上去蹭吃的。

一大清早，老街上的店铺门就开了。太阳才微微露出点颜角，街上就已经人来人往了。老街是被行人的脚步踏醒的。

乡下人上街得赶早，他们没有逛街的习惯，冲着东西去，买完了就走，行色匆匆，连道别都是边走边说着。声音还在，人已经出门了。一天之计在于晨，他们心里的记挂在地里田头，在自己那忙不完的农活，在家里的鸡鸭牲口。日上三竿，街上的人反而越来越少了。街面上这才炉烟四溢，店铺的主人们不再忙活生意，开始准备午饭了。

这种来去匆匆的购物习惯，直到今天都还在影响着我。现在虽然生活在城里，却很少想到逛街。买个东西径直匆匆地去，匆匆地买,匆匆地走,少了城里人走走停停,摸摸捏捏,享受眼福的心绪。于我而言,逛街,不买东西,光溜达,总觉得心里闲得慌。

记得当年街心最大的店要数两层楼的供销社。走进一楼,是几排玻璃柜台。里面排列着各式各样的货物,鲜亮惹眼。锃亮的琉璃,一览无余。一进门,就被香香的雪花膏味道包围了,香里还带着一丝丝的甜。柜台上斜放着几个大大的方形玻璃罐,罐子里装着粉的、黄的、青的雪花膏。乡下人舍不得买整装的,就买罐子里的散装货。售货员用竹板从罐子里挑出雪花膏来,三抹两弄,就装进了小瓶子里。有女儿的人家会经常买这些,而我们这些皮糙肉厚的男孩子,只有脸皲了,或是手裂了,家里人才会给抹上一点。如果平时抹得香香的,会被人笑是"奶奶精"。

供销社的二楼是卖布的地方。墙上挂满了花布,像万国旗。整匹的布被有序地排列在靠墙的柜子上,像竖着的风琴琴键。售货员的动作异常娴熟,用剪刀将布剪个小口子,两手一扯,嗞的一声,布就撕开了。直到今天我都纳闷,怎么就撕不歪呢?

就在爷爷奶奶在二楼扯布的时间里,我会将一楼所有的柜台认真地巡查一遍,然后定定地蹲在小人书的柜台前,一本一本地搜索封面。如果眼神能够将书的封面翻开的话,我想,我已经将每本书都读上好几遍了。柜台里的小人书一本最少也要个三五毛钱,再摸摸自己的口袋,可怜的几枚硬币,要攒够一本的钱,时日冗长,便只能直愣愣地看着。

爷爷奶奶在街上买完了东西后,总不忘给我买点吃的。街上来来去去的都是熟人,路边炸油条蒸包子的铺子老板早就对爷爷奶奶非常地熟稔了。每次爷爷会让我在包子和油条之间选一样,而且只能选一个。我通常会选油条。因为油条长,可以一分为二,吃的时间能够尽量长一点。铺子的老板几乎回回都笑话爷爷："你这老头子，小气死了，只给孙子吃一根油条，钱留着做棺材啊！"大清早的听到这样的话，爷爷奶奶倒也不生气，乡下人心直口快，玩笑也开得重，纯属调侃，没有恶意。面对老板的嘲笑，爷爷反而表扬起我来："我孙子懂事，只要吃一个，多了不要。"爷爷将自己的节省归结为我的懂事，这让我很是受用，却再没了开口的勇气。不仅在铺子面前说，有时候还没有上街，爷爷就已经表扬上了："咱晓冰懂事，从来吃东西只要一个。"所以在很长时间里，我习惯了只吃一个，学会了克制，学会了隐忍，也学会了从不奢望。这种从小种下的心理的种子，长大后成为对生活的一种态度，让我对那些为了目的不择手段的人敬而远之。终不是一个道上的人，离远点，眼不见为净吧。

现在想来，爷爷是做老师的，懂得孩子的心理，表扬会激起孩子的虚荣与自尊，我的懂事就是这样被爷爷的表扬逼出来的。或许是小时候对包子的亏欠吧，已近天命的我，依然对包子充满了挚爱，尤其是肉包子，经常在脑海里泛起咬上一口，油花溢出嘴角的滋味来。

老街，欠我一个包子，还是肉的。

瘸子"表舅"

东昌老街上最传神的，要数街上的人。

供销社东隔壁是储蓄所，储蓄所门边有一块向阳的砖地，钉鞋瘸子的鞋摊就在这里。这是一个丁字路口，来往老街的必经之路，占尽地利。瘸子是奶奶娘家桥东村人，于我而言，辈分很高，我得叫他"表舅"，所以打我出生他就认识我。

每次我上街，老远就被他瞧见了，他用手里举着的锤子向我招呼，或是用锤子将铁掌敲得当当响，不叫名字，直冲我喊："过来，过来，吃颗糖。"见他衣衫不整、身形歪斜的样子，我到底还是有点怕，却还是经不住糖的诱惑，蹭蹭挨挨地走过去，接过糖，转身就跑开了。

瘸子家到街上有十多里路，他用手摇着残疾三轮车要走一个多小时。除了下大雨，他每天雷打不动要出摊，比闹钟都准。四邻八乡的人都知道街上有个修鞋的，上街的时候顺便也就将鞋子带来了。瘸子修鞋的手艺不错，鞋子开嘴了，跳线了，或是大脚趾开洞了，只要在他那个手摇的机器上走上一圈，马上就好了。瘸子最擅长给鞋子钉掌。那时候能穿上皮鞋是很金贵的事，后跟和脚掌容易被磨，所以要打上几个铁片子。一来耐磨，二来走起路来嗒嗒地响，十分有派。瘸子将鞋钉用嘴叼着，一嘴能叼十几根，然后挥动小锤钉一根，再从嘴里取一根，娴熟得如同小马达。

　　我从未见瘸子难过的时候，但并不代表他不曾艰难。人来人往，人们见到的都是他笑呵呵地迎来送往。他的手摇机器前放了一个铁皮的盒子，修好鞋的人将钱直接丢在里面，他从来不看，不数。但凡谁的鞋子有个小毛小病，他顺手也就修了，有时候给钱也不要。他说，像他这样的人，做一天吃一天，不要成为别人的累赘就是积德了，钱多了也没用，能不收，就不收了。我见过他佝偻着身子爬上残疾车时的样子，艰难又心痛。但他从不接受别人的施舍，相反，还给人力所能及的帮助。瘸子就像街头的一道光，照着远远近近来找他修鞋的人，照得人心头敞亮，照得见人性的善良。瘸子是小镇这条老街上不可或缺的一道风景。

　　每次回老家，走到街头拐角处，我都会朝着瘸子摆摊的地方望上几眼。那里已经变了模样，瘸子也因经不住岁月的侵蚀离开了这个世界。但是，我总觉得那里还闪着一道光，一道乡下农民自强不息的光。他们生来就是卑微的，来得卑微，去得无闻，活的时候没人怜惜，死后也无人问起。但正是这种如泥土般的卑微成就了这个社会的基石。他们本分、坚忍，他们阳光、抗争，用微笑抚慰风霜，用双手刨食米粮，残疾的躯体里仅有的一点光与热也能照亮那一小片地方。这是中国典型农民的缩影，像脚下的土地一样普通。没有人会关注土地的感受，一如没人去关注瘸子的生死一样。但他们有自己的尊严，他们相信宿命，他们在自己的周期里活着，活得真实，活得坦荡，岁枯岁荣，生生不息。

　　我多想再听一听他钉鞋的嗒嗒声，再看到他用小锤冲着我挥："过来，过来，吃颗糖！"

五角，十枪

在瘸子"表舅"修鞋摊的旁边，还有一个打枪套圈的小摊子。摊子的主人就是村里那个种甘蔗的老人。

老人看上去约莫六十开外了，长得瘦小且不对称。一个肩膀高，一个肩膀低，背还驼着，脖子也就顺势歪向了一边。老人生就一副公鸭嗓子，说话还带着点娘娘的口音，经常将一句俚语挂在嘴边"日嫲嫲的"。这句话的内涵很宽，可以表示快乐，也可以表示懊恼或愤慨，还可以表示惊讶……这是一个叹词，像清凉油一样，放在哪里都可以增加情绪。"日嫲嫲的"是老人在老街上的标签。

每到农闲的时候，老人就会到街上摆个摊子，为的是多少能挣点生活的补贴。老人将所有的家当铺开来，足有两张八仙桌面那么大。一个摊子是竖着的。板子斜撑在墙上，上面有序地挂了十来个半饱不满的气球。五六步开外，是自制的三脚撑，上面放着一把玩具气枪。三脚撑上挂着一张从纸箱上裁下来的纸板牌子，上面写着"五角十枪"。另一个摊子是躺在地上的。从小到大排了好些小玩意儿，近处是钥匙扣之类，再远点是塑料玩具，再远点的是文具用品，最后是花瓶、绢花等等。在小玩意儿一步开外的地方，用石灰打上一道白线，五毛钱可以套十个圈圈。

圈圈是用竹篾做成的，小汤碗碗口那么大。竹篾极轻，弹性又足，通常就是套上了那些躺在地上的玩具，也会蹦起来跳开了，难度不是一般的大。这套圈的游戏不仅能够吸引孩子，还能吸引自以为有经验的大人们。他们有的用滚的方法，有的用飘的方法，有的用挑的方法，还有的仗着自己腿长胳膊长，直接将小圈圈套到小玩意儿的身上。但成功的也极少。这小小的游戏很容易就激怒了那些自以为是的大人们，又是一口气买上个一两元钱，非要套出个子丑寅卯来。每当这个时候，老人的脸上会控制不住地露出得意的神情来，得意中还闪出一丝狡黠。

一次奶奶带我上街，老人远远就冲着奶奶喊了起来："桥东姥，来，给你孙子玩两把吧！"我们那里通常对上了年岁的妇女不直接叫姓名，估计也不知道姓名，都用娘家村子来代替。奶奶的娘家在桥东村，所以村里的老人们都叫她"桥东姥"。

奶奶那天也是破天荒地大方，掏出了五毛钱，让我可以玩上十把。奶奶警告"日嬷嬷的"："一个村里的，不要挣村里人的钱，先给我孙子试一枪，还不知道准不准呢。""日嬷嬷的"嘴上答应了，却迟迟不动。他的手举在半空中，等着奶奶把钱递过来。他有一个原则，不见兔子不撒鹰，不见鬼子不挂弦，不见钞票不装弹。这街上人来人往，每个都试一枪，得浪费多少枪啊。他与隔壁的修鞋匠不同，一分一毫都是先到手了再开玩。奶奶看出了"日嬷嬷的"的心思，将钱往他手里一摁："你个老没出息的，少过你的啦！"

老人给我的枪里装上了子弹，一根缝衣针，后面穿了一根短短的红绒线。我是玩过真枪的。父亲在煤矿工会工作，工会的橱子里藏着两把真的高压汽枪。那时候管得松,晚上我悄悄将枪偷拿出来,出去打鸟。鸟是没打着,但试着打灭了矿上几处偏僻的路灯。所以,我对自己的枪法还是有点自信的。

那天不知怎么的,近在咫尺,我一个气球也没有打破。正感到纳闷的时候,被上街的叔叔撞到了。叔叔拿过我手里的枪:"来,再来五毛钱的,我替我侄子打。"老人死活不同意:"这是给孩子玩的,如果你要玩,可以套圈圈,枪,大人不能打。"叔叔很是生气,临走拉了一下我的衣角:"不要打他的枪,准心被调过了。你看,气球吹得那么小,就是打中了也不破。走,'日嬷嬷的'老东西,黑心呢!"

那天奶奶看到自己的五毛钱就这样一下打了水漂,着实有点不服气。她冲进摊子,挑了一个会跳的发条小青蛙,拿起来就走:"日嬷嬷的,骗村里人的钱,越老越没出息了。真是棺材里伸手,死要钱。"老人赶过来,想抢回他的玩具,但奶奶已经拉着我走开了。身后传来老人骂骂咧咧的声音:"日嬷嬷的,你们家那么多人挣钱,还抢我的东西。就你这老太婆小气,越是有钱,越小气。"奶奶头也没回,当作没听见,一脸的胜利。这已经不是钱的问题了,关系到智力与尊严。奶奶同样是个精明人。

"日嬷嬷的"有两个女儿,都已经出嫁了,生活本来已经无忧。但乡下人闲不下来,再加上气性大,有自尊,只要自己身体能动弹,大多不想劳烦子女,成为孩子的负担。他不但种着生产队里分的田,还在村东的河边种了几亩甘蔗,闲时再到街上挣点零花。小车不倒只管推,他就这样一直忙碌着。生活把他磨砺得精于算计,稍显吝啬。能挣一分是一分,就算挣不着,也要想办法保本。"日嬷嬷的"在老街上的精明与小气是出了名的。

都说精明的人长不胖，"日嫌嫌的"果真是精瘦又干练的，属于那种尽长心眼不长肉的主儿。他和生活在乡下的万千农民一样，为生计而忙碌，为生活而算计，但却没有丢失农民固有的纯朴与厚道。说归说，笑归笑，骂归骂，这次他到底还是没有挣到同村人的钱。下次上街，他还会招呼奶奶让孙子来打枪，像什么也没发生过一样，照旧热情和狡猾。在他精明小气的背后隐藏着自己的独特逻辑。当子女遇到难事的时候，他会拿出自己的棺材本去大方又坚决地资助，尽管平时小气到舍不得多给孩子一颗糖。他们像冬藏的松鼠，用半生的时间来收集，来积蓄，防的是不测，防的是子女的求助，防的是事到临头作为父母的无能为力。他是乡下人最为真实的代表，终其一生，直到撒手人寰时，也要最后给子女们一点交代。

光阴似水，老街上"日嫌嫌的"的摊子早就没有了，甘蔗田也早就不种了，他留给我的印象却那么深刻见骨。在他的身上，我看到我的爷爷、奶奶、父亲、母亲……他们像在同一个轨迹上运行的星座，用自己微弱的力量为生活的富足抗争着，也在精明着，算计着，时时储备着，想着尽可能地让后代不再遭受自己的艰辛，这大概就是中国老人最为传统又质朴的思维方式吧。

或许，现在的许多年轻人对老人们的忙碌有诸多的不理解，但谁能保证，等到他们到了这个年岁的时候，自己不会变成这个样子呢？

每每想到他们，我总会想："我，将来，或许，也会这样！"

烫头·修面·大师傅

瘸子"表舅"鞋摊的街对角，是一家理发店，老街上唯一的理发店。

店里的大师傅是一个精瘦精瘦的高个子老头，穿一件白大褂，像医生，更像一根干瘪的移动衣架。大师傅的手艺远近闻名，最拿手的是烫头和修面。

大师傅年岁虽大，但长得白皙。一白遮百丑，倒也看不出多少岁月的痕迹来。与乡下长期在田间日头下劳作的男人比起来，他少嫩了许多。大师傅长了一张好油嘴，男女老少都能聊得来，尤其喜欢撩拨中年妇女，偶尔开些半荤不素的玩笑，惹得妇女们直呼他"老狗日的""老不正经"，但从来没有因为他的不正经而拒绝再来店里，相反，这生意却越来越好。

大师傅的店里有三个人，一个打下手的学徒，还有一个是他的女儿，也是一个老大不小的妇女了。大师傅与客人们打趣玩笑也不避讳女儿，好像这已经司空见惯了。客人来了，讨个开心，讨个热情，消磨了时光，愉悦了心情，这小店的生意一半是大师傅的手艺得来的，一半是大师傅的油嘴讨来的。这样想来，与其说大师傅老不正经的时候不回避女儿，不如说他在言传身教生意经。小鸡不尿尿，各有各的道儿，在艰难的日子里讨生活，没有点绝活还真不行。大师傅的绝活不仅在手上，还在嘴上。

到了农闲或是过年时节，店里就显得特别忙碌，好多女客人专等大师傅为她们做头。有时一等就是好半天。那时候虽然没有现在时髦的预约，坐等却是对手艺人最好的肯定。在农村，忙的时候像火上房，抢收抢种，一刻不能懈怠；闲时也是真闲，日头长得让人发慌。为了烫个头，等上好几个钟头也是无所谓的事了。对于美的追求，乡下与城里都是一样的。所不同的是，乡下人频次低了一些，但重视程度与等待的耐心却是不分伯仲的。

男人们在理完发之后，通常喜欢叫师傅来个修面，这是男人专属的一种享受。那时条件不比现在，没有桑拿按摩，男人们理好头发再来修个面，有一种老柜上漆、老皮翻新的感觉。关键是，在那短短的一刻钟里，享受感是无与伦比的。

将铸铁的转椅平放下来，大师傅在男人的脸上盖上温热的毛巾。几分钟后，脸上硬邦邦的胡楂就稍稍变软了。大师傅再用圆筒一样的刷子打上肥皂，在男人的嘴唇上下、下巴两腮打上一圈白白的泡沫，就动手开修了。

这是一个极细的活，古人讲，虽是毫发技艺，却也是顶上功夫，指的不只是理发，更有修面。师傅抬起刮刀，手立即成了兰花指。拎起椅背上的帆布带子，用刀来回一蹭，刀锋陡然寒光透亮。再胆大的男人，在大师傅下刀时都会乖乖地凝神屏气，像木偶一样僵僵的，任他搬来弄去。听着刀口与胡楂交锋的声音，真是透心地舒畅，实实地满足。这是男人一生中少有的享受。这片刻的安宁可以放下手中的一切，身心都感到空灵起来。卸下担子，哪怕只是一刻，也是对自己的奖赏与安慰。修面是乡下男人追求生活品质的一种通道。而这种通道，只有大师傅能给，只有大师傅能让男人们在享受这种通道时放心，听话，并沉醉。

通常这个时候大师傅的嘴是不闲着的，他会对男人的胡子做出评价。这个太硬了，像稻草根，老树桩子，太费刀了；那个太少了，没几根，像太监，刮得没有成就感；怎么又是个络腮胡子，要加钱，像割韭菜，尽长毛……有时，哪个男人家新娶了儿媳妇，师傅会故意与他商量："给你留几根胡楂吧，爬灰的时候，给媳妇挠挠痒痒。"被说的男人只能干着急，一动也不敢动。大家都知道，大师傅学徒时练修面用的是冬瓜，不知道拉坏了多少个冬瓜的皮。刀口无情，他们只能小心翼翼地压着火，憋着气，忍着，忍着，忍得蛋痛。

修好面的男人，一下子白净了不少。乡下男人讲究穿戴的不多，突然面皮变白净了，也就少嫩了好几岁，心情也快活了好几岁。小小的理发店是乡人下精神生活的加油站，大师傅用他的巧手唤醒了女人对美的期盼，也刮出了男人内心的自信与舒畅。小镇的老街上，因为有了这个小小的理发店，日子便常常翻新着过了。

一次，大师傅说要给我理一个特别精神的头发，说是理好了像城里的小K。临走时，还给我来个了中分，打了发蜡。我不知道什么叫小K，但回到家里，母亲笑得连腰都直不起来了，说，我们家怎么多了个汉奸哪！那天，我冲到河边，用肥皂洗了好几遍头，连上学都不好意思见人了。

很长时间里，我都觉得，大师傅是个"坏老头儿"。

国营老澡堂

在老街石拱桥的西侧，有个老浴室，街上的人习惯叫它澡堂子。这是一家国营的澡堂子。那时候洗个澡，大人要五毛，孩子两毛。有时候，孩子跟着大人偷偷溜了进去，也就算了。

澡堂的门外铺着烧水剩下的煤渣，踩上去嘎嘣嘎嘣响，有的还带着热气和火星子。电线杆粗细的烟囱里汩汩地冒着忽黑忽白的烟。还没进屋，就撞上了一身的煤烟味。为了保温，大门上挂了一个深蓝色的棉布帘子，人进人出的一侧，脏脏的，油油的，就快发亮了。

澡堂通常只开半年，进入腊月，生意陡然好了起来。附近村子的人都要赶在年前洗个澡、搓个背什么的，卸下一年的劳乏，清清爽爽地过年。

澡堂里屋有两个浴池，大的温水洗澡，小的热汤供水。穿过碰脸都看不清对方的雾气，我发现池水泛着微微的乳白色。刚要用手一试，"噢哟，什么温水啊，烫猪呢。"旁边有人突然开骂。大多数情况下，我只敢用脚在池水里晃荡几下，再用手蜻蜓点水地拍拍前胸和后背。而那些不怕烫的，整个人都浸到了池子里，嘴里发出龇牙咧嘴的感叹，或是身心舒畅的低吟声。

热水池子上搁了几块木板，木板间隔像蒸笼飘着白汽。几个不怕烫的，平躺在木板上，昏昏地睡着了。那白净净、热腾腾的样子，让我想起吹鼓了架在盆上等待刮毛的猪。有一次，我觉得那个人可能是死了，贴近脸一看，"小巴戏，看什么。""小巴戏"是乡人对孩子亲切的昵称。那次，我虽然被吓了一跳，但却很高兴，"他还活着呢！"

澡堂子的外屋很暖和，生着炉子，虽然氤氲着水腥味、烟味还有肥皂味，但有家的感觉。设施很旧，木质的单人床一张接着一张，连成了炕。床上铺着草席，还有一条已经起了毛边的浴巾。

人多的时候，屋里十分拥挤，通常两三个人合用一张床。而那些老客，常常是上了年岁的老人，则会懒洋洋的，一人独占一张床。光溜溜的，胯上搭着一条毛巾，刚好遮住尴尬。他们肆无忌惮地躺着，趁着澡后的热乎劲儿，呼噜正酣。一声长，一声短，突然又没了声。你正在担心他断了气，却忽地吐出一口气来，顺势还吧唧几下嘴巴，哼上几声。

澡堂里来来往往几乎都是熟人，不分老幼，平平等等，赤诚相见。服务员传递毛巾的手艺像是玩着杂耍，远远地将毛布一旋，便飞到了客人的手中，不重不轻，不偏不倚，翩翩飞花。与灵巧的服务员相比，修脚的师傅就显得静默了许多，安静地，专注地，一刀一刀地刮着。修好了脚，也不管老人有没有醒，只用手背轻轻敲敲他的腿："喂，好了啊！"只听见"嗯"的一声，动都没动一下，随即鼾声又起来了。不大的外屋里，这方喊罢那登台，此起彼伏，几个声部的鼾声混成一团。偷得浮生半日闲，鼾声有"梦里不知身是客，一晌贪欢"的爽脆与轻松感。

余秋雨先生曾说，中国的农民大抵不讲卫生。老街上的澡堂子似乎在申辩着这种刻板的总体印象。受经济与物质的局限，生活在农村的人们没有多余的时间与精力去讲究，更没有条件去讲究，他们只能隐忍和将就着。但是，每到逢年过节的时候，他们也会讲究一次，去理发店打理下头发，再到浴室来清理下身体。不管有钱没钱，总要干干净净过年。一年的将就，一时的讲究，这是一种生存的智慧。对生活在温饱线上的特殊年岁里的人来说，他们只能改变自己来适应环境。但是，这并不代表他们甘于不讲卫生的生活。澡堂子川流不息的人群就是农村人对追求生活质量的更好的证明。

无论是老街上的理发店还是老澡堂，绝非只是一处物质的存在，它们是乡下人精神寻求舒展与释放的空间，也是生活动力的加油站。谁能帮他们卸下生活的重担，哪怕只有一刻？或许只有这老街的理发店，还有这老澡堂了吧。

将就了一年的农民，借着节日的到来，抖落身上的灰尘泥泞，让追求美的精神念想抬起头来，透一透气，看一看天上的太阳，这日子就又充满了希望。

谈起老街上的老澡堂，我常常这样想。

懵懵懂懂的离开

我这辈人，或是更早些的人，是逃也似的离开农村的。直到现在，农村依然是人口流出的地方。所不同的是，有人是畏惧了家乡的贫困与沉寂，主动去闯荡外面的世界，而我是在浑然不觉懵懵懂懂中离开的。

初三那年的夏天，母亲跟我说："儿子，咱们家的情况你也知道。如果你上了高中，爸妈就供不起你弟弟了。你好好努力，考个中专，把户口转出去，给家里减点负担，好吗？"

那时候考中专，分数要比县中高出好多。母亲每每与我提起这件事的时候，我会爽快地答应，但很快又会非常地担心。村里几年了只考取过一个，而母亲却像押宝一样觉得我行。

就在报志愿截止的那个晚上，母亲突然告诉我："来，跟你说件事。今天我把你的志愿改了，改成师范了。还好，晚一点就改不成了，好悬哪。"后来我才知道，母亲从村里的老师那儿听说，上师范每个月发粮票还有菜钱，比上中专还要划算。她从田里放下锄头就直接跑去了学校。老师不认识她，她便自我介绍，硬生生地从校长那里将我的志愿给改了。母亲告诉我的时候不是商量，而是通

侯德剑 画

知。我知道，母亲看中的不只是这几个钱，她更想让家里的小儿子也能够去读书上学。

那年我终于以高出县中四十一分的成绩考取了师范。做了一辈子教师的爷爷听说这个消息，气得连我家门口都不愿意经过了。他拎着小凳、扛着鱼竿远远地喊我去了河边，嘴里一直念叨着："当老师，没出息。读高中，上大学，将来才是穿皮鞋的命。当老师，能有什么出息。"他盯着河里的浮漂，看也不看我，自言自语着。爷爷认定，是母亲的小气与鼠目寸光耽误了我的前途，母亲把他的大孙子给害了。

我对爷爷说："爷爷，没关系的。我还有弟弟，我不能只顾自己啊。听说师范里面只要努力，还可以保送大学。爷爷，您相信我，我将来一定会是个大学生。"爷爷转过头来，用力地点着头，眼里满满的泪光。严肃又倔强的爷爷从来没有在人前流过眼泪，但这次，我看到了。

师范毕业那年，我没有食言，兑现了对爷爷的承诺，学校保送我到无锡读了大专。那年正值师范分配改革，县里不仅不愿出培养费，还让我签了毕业后必须回来的承诺。要想去无锡读书，需要自己交足三千元钱。

我带着这个消息回到了家。家里正在起新屋，三间平房刚刚铺上水泥板，外墙裸露着，像母亲的脸殷红殷红。母亲说："先砌一层，等将来有了钱，再加一层，就可以给你们兄弟两个娶媳妇了。"我没有接母亲的话茬，将录取通知单递给了她。母亲看了，高兴得直跺脚："他爸，他爸，快来，我们家出大学生啦！快来啊！"

夏夜的炎热与蚊虫，再加上兴奋，让我毫无睡意。悄悄起来，见母亲的房门虚掩着，透出昏昏的光。我下意识地推开了门，父亲正坐在床帮上，低头沉思着，手里的烟头已经快烧到手指了，烟灰长长地弯成了弧形。母亲手里摇着一把蒲扇，半躺在床上，扇自己，也带着扇扇父亲，顺便赶赶蚊子。看到这情形，我知道一定遇上难事了。

见我推开门，他们一愣。

"妈，怎么了？出什么事了？"

母亲直起了身子，用扇子向我挥了挥，"回去睡觉，我和你爸商量点事，回去吧。"

我回到自己的房间，下意识地感觉到，是今天的录取通知单让他们为难了。白天骄傲的喜事，到了夜晚却成了家里的难事。我更加睡不着了。母亲虽然没有直接告诉我，但我知道，为了起新屋，家里已经借遍了朋友，再借，实在是难以开口了……

一个多月后，母亲还是将我送上了去无锡的火车。母亲还破天荒地花了六十块钱帮我买了一个桃红色的花纹皮箱，说是出门要有个像样的行李，不要被人家小看了。我接过母亲用报纸包着的三千元钱，每一张都理得平平整整，张张都像新的。这是母亲专门到老街上的储蓄所兑换过的。这钱里有从远远近近的亲戚那里凑来的三十、五十，也有外婆织围裙带子换来的十块八块，更有母亲跟着泥瓦匠打零工预付过来的工钱。

离家那年，我十七岁。

像许许多多离开农村上学的孩子一样，我没有再回到东昌老街工作，没有再回到我的村子，也没有再回到母亲身边。近三十年来，我只在母亲生病住院时，断断续续地陪了她十来天。一出院，母亲就又回去了。与其说是我陪母亲，不如说是母亲借病来看儿子来了。

现在，当我拿起笔，回忆并记录东昌老街，记录家乡的片段的时候，家乡已经不再是一个村落，一条老街，他更是父亲母亲、爷爷奶奶，以及更多的亲人与朋友在我心中生怕消失的影子。三十年后，家乡早已不是一个地理上的名词，而成了我再也回不去的时间单位。时间的流逝让我成了家乡的客人，熟悉的陌生人。但是，我依然要记录，依然要回忆，哪怕只是片段或琐事，因为在那里，母亲曾经青丝长发，父亲曾经面容俊朗，在那里，有我遗落待拾的童年与少年。

此时，我想起作家冉云飞曾说的话，每个人的故乡都在沦陷，而记录，是我们缅怀过去的唯一方式，唯有信仰忠实，才不负行过的桥、见过的云。

老街，我想你了。

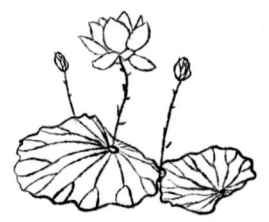

在最底层的村办初中,一个乡镇中学的下辖办学点上,有这样一群老师,他们有的还只是"民办教师"的身份,有的还只是刚分配来的孩子,有的是被名校挤出来的学究,有的脚上长年带着农田的泥水,身上还散发着粪斑的异味。但他们只要走进教室,只要拿起粉笔,他们的精神就从没有懈怠过。

第三章 扁豆围墙里的『桥东』时光

小英老师

高人阳宝

扁豆围墙里的『桥东』时光

馋无可藏

两片荷叶

跑饭

听,老呱子在夜叫

小英老师

教英语的吴小英老师矮矮胖胖的,脸也大,却很少对我们笑。这是乡下老师普遍的特点。初中的孩子,正是野性勃发的年龄,连狗都嫌烦;又像孙猴子,给点阳光就灿烂,戴着紧箍咒都能腾云驾雾。

吴老师教书出奇地认真,英语单词不仅要会默,还要会读,而且每课必查。那时候我们连普通话都说不准,更别说读英语单词了,常常是前面读,后面忘。于是我们发明了一种方法,用中文给单词注音,比如,鱼叫"肺洗",香蕉叫"不拿拿"之类的。自己边读还边笑,心想,这恐怕连外国佬都听不懂吧。听说鹦鹉要学说话需要捻舌头,估计我们要读好英语,需要换舌头才行。

一次课堂抽背,我哑口无言,吴老师毫无情面地将我拎到了讲台边上,正对着北侧的窗户。窗户上蒙着的塑料布破了,北风一个劲地往脖子、裤腿里钻。那天,我挺得很稳,不是不想动,是被冻住了。吴老师说,不好好学习,将来就得这样喝西北风。这句话的道理我是工作以后才渐渐有了深切感受的,也常常用来教育自己的孩子和学生。可惜,再也找不到当时那样生动的、蒙着塑料布的窗口了。

　　知道我的英语成了短腿，吴老师将我们几个留了下来。乡下的夜晚漆黑又安静，三间大瓦房的办公室里只在中间的梁上挂了一盏灯，朦朦胧胧、模模糊糊的。我已经记不得吴老师给我们补课时的样子了，只记得她送我们出校门时，一个劲地叮嘱我们："晚上黑，骑车慢点，慢点。"那时的老师都纯朴，纯朴到好像欠了学生的债似的，给孩子补了那么多的课，路过我家，连水都不进来喝一口。

　　夜色中，自行车在半是石子半是泥土的道路上蹦蹦跳跳着前进，风在耳朵边软软地拂过，我快活得像山野里的一个精灵。被老师开完小灶后的我，心里有着无以名状的喜悦，眼里充满着对学习的憧憬、对考试的向往。再考不好，怎么好意思见吴老师啊。自信与自勉随着乡野的风在一点点地膨胀。

　　生活在教育最基层的农村教师将学生当成了自己的庄稼，像农民一样尽力地浇灌、施肥、捉虫，他们不会因为庄稼长势不好而去责怪它们，而是用更为精心的呵护去扶正每一棵想竭力成长的禾苗，牺牲自己更多的时间陪伴着它们成长。他们是老师，也是农民；他们是园丁，也是兄长。他们用不懈的坚持激活孩子沉睡的成长潜力，目送着他们渐渐地远去。就如同吴老师夜色中送我们走出校门一样。或许这辈子再难见到学生们了，但他们已经尽力将希望注入了孩子们的身体内，相信他们能够茁壮成长。

高人阳宝

记忆是一个筛子，网眼的大小恰好能够兜住生命中的某个节点。桥东中学的三年，许多的细节已经消散在了时间的海滩上，总还留有一些瞬间，经过时间的发酵，变得香甜丰润，新鲜如昨。

记忆中高阳宝老师是一个很特别的人。姓高，个子更高。他是我母亲邻村的人，于我而言自带亲戚感。虽然如此，但高老师是班主任，是同学敬畏的神，严肃度从来都是满满的一百分。那年我从镇上买了本小人书《西湖除霸》，口袋里仅有的几个子儿，只够买上册。可转眼间就被高老师收走了。原因是我在课堂中偷看了。惯例告诉我，被他收走的东西一般如同泥牛入海，再无踪迹。我酝酿了好久，也在他办公室窗外绕了多次，想着能够再偷回来。那次头一伸，发现他正在翻着我的那本书，计划还没有实施也就作罢了。几天后，高老师突然问我："那本书的下册呢？"我说："钱不够，没买。"他便面无表情地走开了，我感觉到他好像有点遗憾。

学校大扫除，我一手拎着畚箕，一手插在口袋里，边走还边嘟囔，畚箕里的纸片像蝴蝶般吹落了一地。高老师叫住了我，将掉落的纸片塞进了畚箕："干活要有干活的样子，两只手拿。做了就不要讲，这点功劳都让你的嘴卖掉了。"话不重却句句戳心。虽然当时我的心性还不成熟，并不能完全理解老师当时的意思，但这句话给我带来了近三十年的影响。从做老师到做校长，再到从政，岗位在变，但多做少说，在岗在位在状态是高老师最初教会我的。我也常常用高老师的话教我的学生或是同事，我希望这样的智慧能够传承下去，但是我不知道他们能不能听懂，抑或我有没有高老师当时说话的威严。

高老师的喜怒与我们的表现有着密切的关系，密切得像火与炮仗，一点就着。

那是个收山芋的季节，校园里的两垄地里山芋成熟，尽等出货了。高老师让我们几个负责将山芋翻出来。对我们这些孩子来说，劳动绝不是生活的需要，心里多少带着点怨气。那天我带的是锄头，几个人一使眼色，计上心来。翻一半盖一半，锄头小挥，山芋被切成了一片一片的。不一会儿，一小筐山芋出来了。半筐整的，半筐片片，泥土沾着山芋的肉，伤痕累累的样子像流着白色的血。

高老师是干农活的好把式，多少地出多少山芋，他心里比什么都清楚。就像他知道我们几个猴子身上有几根毛一样。用他的话说，我们尾巴一翘就知道会放什么屁。那天高老师将我们重新排成一列横队，重新用钉耙翻。一阵忙乱之后，又出了两筐。站在山芋面前，他一脸的严肃，严肃中有掩饰不住的得意。我们几个猴子的伎俩被戳穿了，在他面前显得真是有点尴尬。

一次，全班考得好，高老师破天荒给我们唱起了戏。我清楚地记得，他将戏词认认真真地写在了黑板上：渔家住在水中央，两岸芦花似围墙，撑开船儿撒下网，一网鱼虾一网粮……二胡在高老师的手上婉转且悠扬，他一遍遍地教着黄梅戏，我们这些孩子一半在学，一半在扭捏地痴笑。到底是乡下孩子，唱戏还真是放不开啊。那次以后，我才知道，高老师竟这么多才多艺。在物资匮乏的年代，精神就显得更加地富足。就是在当下，也很少有老师为了奖励学生，唱歌唱戏给孩子们听。在那个唯分数论的年代里，考得好意味着孩子会有更大的出息，高老师为我们高兴，是由衷的。

一次，我捧着作文本跟在他的后面。

"老师，你的乐器跟谁学的？"

他说："经历过'文化大革命'工宣队的人，都会几样乐器。除了钢琴，二胡、口琴、笛子，样样都拿得起来。"

我又问："那些戏词，你怎么记住的？"

他停了下来："村里放《红楼梦》电影，我就在下面记戏词。那个写得真好。你啊，如果想写好作文，多看看戏词，很有用的。"他不像在教我如何阅读，倒像是在回忆美好的过往。

那次不经意的谈话给我开辟了一条崭新的阅读方向。在工作的二十多年里，别人听戏，我看戏词；别人看《话说长江》，我学习解说词的写法。都说学生的作文不是老师教出来的，但技法之外的交流又何尝不是一种滋养。

功夫在诗外，高老师，人高，艺也高啊！

离家已经三十多年了，听同学说，几年前高老师就不幸离世了，我心里咯噔一下，沉默良久。

近期看到一部电影《寻梦环游记》。电影里说，人这辈子有三次死亡。第一次是心脏停止跳动，生理上消失了；第二次是在葬礼上，认识你的人来祭奠，社会上逝去了；第三次是最后一个记得你的人死后，那就真的死了……死亡不是生命的终点，被人遗忘才是。

我想，高老师依然活着，活在他的学生们的心里。

扁豆围墙里的"桥东"时光

一天,初中的同学圈里发了一张照片,说是86届的同学聚会。

再仔细看,里面似乎有我曾经班上的同学。再仔细一想,那年毕业不是89年吗,怎么同学在86届的聚会上?继续想,就恍惚了。

同学说:"89的就不可以到86的蹭饭吗?你呆啦?"

是真的呆了,呆得常常沉浸在旧的时光里。

当年我们的初中叫桥东中学。学校像一座孤岛,是由一所废弃的五七干校改建的,坐落在附近几个村子的中间。听说,我们毕业两年后,学校就撤除了。如今连百度上都找不到这所学校的词条。从这个角度来看,当年的学校可能是中国版图上最底层的初中了。

用简陋来形容当初的学校,似乎程度还远远不够。偌大的院墙,东倒西歪,里面围着三排教室。十来个老师和百十名学生。校门是两个垛子,挂着用细细的钢筋焊成的门,锈得起了粉,风一吹都在打着晃。

校园的几处院墙已经歪得比比萨斜塔都厉害了。它们的存在其实只是一种象征,只为标志着这里有所学校,并没有什么实在的意义。围墙里面是田,围墙外面也是田。围墙里面的田少,种着蔬

侯德剑 画

菜；围墙外面的田多，种的庄稼。围墙里面的田大多分给了老师们种，围墙外面的田由老师带着我们一起种。颤巍巍的围墙上爬满了扁豆藤。花开的时节，紫的、白的，与白的、灰的蝴蝶交错着翻飞，甚是好看。

学校的老师多是附近几个村子的，拐弯抹角还沾亲带故。

食堂蒸饭的师傅是母亲娘家村里人，和母亲娘家还沾着亲，我得叫他舅舅。虽然有这样的亲戚关系，但是在校园里我是怎么也叫不出口的。每天早上送饭盒的时候，总是纠结，到底怎么叫他呢？但总是他先开口："来啦，放这儿，我帮你淘米，快去读书。"

食堂里有个亲戚是件很实惠的事情。每天中午放学，饭盒就被放到了一边，不必自己去蒸笼里翻找。偶尔老师们开小灶，这位舅舅还会偷偷舀上一小勺的肉汤浇在我的饭上，宽裕的时候，还有两片五花肉。老师们中午剩下的冬瓜汤什么的，不仅能供我品尝，有时连同学们也顺带着沾光了。

母亲每次遇到他，都要叫我大声地叫"舅舅"，还不断感谢他对我的关照。他倒也实在，不推不辞，乐意地接受，还得意地标榜："说实话，你家这儿子我真是喜欢。聪明，成绩好，咱们西岗村的外甥里面，数你儿子最争气了。"

学校里面还有一位贵福老师，也是母亲村里的。他倒没有食堂舅舅的亲切，经常用挑剔和犀利的目光看着我。平时不和我啰唆，难得开口就是："班级排第几？有没有退步啊？"俨然一副油盐不进的架势。

一天放学，我放在他宿舍门前的自行车不见了。这下天要塌了。当时的一辆自行车堪比现在的一辆小汽车，丢了车等于丢了命啊。我在校园里找了好几圈之后，确定车子没了，整个人就蒙了。

带着哭腔，逢人就问，希望能够找到哪怕一点点的线索。

贵福老师走过来了，问："怎么了？"

"自行车找不到了。"

"噢——"

他轻描淡写地回了一句，便若无其事地走开了。

食堂舅舅远远地看着，用勺子敲了敲蒸笼，示意我过去。

"找他，找他，车在他宿舍里呢。"

当我再找到贵福老师的时候，他的脸色瞬间变得严肃起来："现在知道要车了？车怎么停的？你怎么不把车子直接堵在我宿舍门上啊？"

见我只有招架之功，没有还手之力，态度还算虔诚，他没好气地将手一挥："以后记住了，停车要有停车的样子。拿去，长点记性。"说完，他把宿舍钥匙交给了我。

这样的教育多少年后想起来，都有余悸，也刻骨铭心。没有规矩，不成方圆。每个老师都有自己的方法，贵福老师的方法当时或许我不能接受，但现在想想，良药苦口，他是在下猛药哩。

后来我也做了老师，但仔细想想，和那时桥东中学我的老师们还真的不一样。他们其实与农民无异，一方面要用微薄的工资支撑起一个家庭，另一方面他们得努力地在良心上对得起嗷嗷待哺的学生。学校里的每位老师几乎都是在一面教着书，一面种着田。

有一位几何课的老师，我已经记不清他姓甚名谁了。只隐约知道他家就在离学校不远的村子，他家的田就在来学校的路上。于是，早晨上班的时候，他挑上一担粪，路过田浇了。粪桶不好带进校园，就放在学校的围墙外面。放学时候，他再从学校厕所里挑上一担粪，路过田再浇了。所以，每天早晨，我们只要留心围墙外面有没有粪桶，就知道他有没有来了。有几次我看着他挎着篮子从学校里走出去，是要顺道去田里摘棉花呢。

既然连老师都要种田，那么我们自然少不了劳动了。记得当时每周总有一两天是要带农具的。粪桶、粪勺、扁担、锄头或钉耙，总要带上一样。为了不与家里冲突，通常我们三人一组，每人变着花样搭配，扁担上挂着书包，自行车上吊着粪桶，或是肩膀上扛着粪勺，远远看去，是一道别样的风景。

就中国的教育体制而言，从中考开始，便是学生人生的转折。只不过，当时的我们心智不全，完全不能理解这个阶段对于一个人一生的意义，更不明白为什么要记这些以后完全用不上的公式、定理。乡下的老师很少给我们讲人生的道理，估计就是讲了，我们也未必能听得进去。他们要么训斥，要么就是一黑板一黑板地抄题、做题，然后就是考试、排名，逼着我们心无旁骛，疲于应付。

我不敢说，他们当中的每一个都很优秀，都很完美，但我感觉到的是，在那个还没有被物质浸染的时期，他们的心是真的、纯的。恨铁不成钢的骂，是真狠；操起扫帚的打，也是真痛；掏心掏肺的讲，更是真情；不计报酬的补习，还真是舍得时间……

在最底层的村办初中，一个乡镇中学的下辖办学点上，有这样一群老师，他们有的还只是"民办教师"的身份，有的还只是刚分配来的孩子，有的是被名校挤出来的学究，有的脚上长年带着农田的泥水，身上还散发着粪斑的异味。但他们只要走进教室，只要拿起粉笔，他们的精神就从没有懈怠过。他们带着一群乡下孩子在奋力地奔跑，他们无愧于良心。

他们，或许可以称得上，那个年代，农村教师的精神群像吧！

馋无可藏

入了秋，上学的路上变得瓜果飘香。上到树梢藤架，下到地头田洼，不用花钱的水果蔬菜随处可见。对我们这些孩子来说，面对各家自留地里迎风招摇的果蔬，出不出手取决于肚子里馋虫的多少。

我们通常只对味道鲜美且方便生吃的东西下手，葡萄、萝卜、番茄、香瓜……没得选择的时候，山芋和莴苣我们也不拒绝生着尝尝。

最容易顺手牵羊的当数花生。密密麻麻一大片地，拔上几棵也不容易被发现。松软的沙土地里，简单地用力一扯，就是满满的一串。再到河里来回荡上几下，洗尽泥土，就可以开剥了。得来容易，当然就不会珍惜。吃一半，丢一半，有时还用花生当子弹追逐打仗。田埂上这里一丛花生藤，那里一片花生壳，散落着我们毫不掩饰的劣迹。

太过招摇了，就容易遭遇不测。

邻村的媳妇十分剽悍，抓着一个"花生虫"的领口就冲进了老师办公室。看热闹的同学瞬间就爬上了窗台，挤满了门框。办公室里除了班主任，其他老师都悄悄地躲开了。

不出十分钟，同伙们陆陆续续被叫进了办公室，整齐地站成了一排。其中有几个不识时务的，还冲着看热闹的同学做鬼脸，被班主任一脚跟给踢立正了。当然，队伍里面少不了我，不过我不是主犯。

班主任据说是曾经当过兵，估计是侦察兵，智慧锐不可当。如果你以为死不承认就可以过关的话，那就大错特错了。他拿来一个伤痕累累的茶缸，舀了满满一缸水。那缸子下角有个小洞，像小便似的，漏成一道有力的弧线。

他命令我们挨个地漱口。第一个用力地漱了两下，还在犹豫，被班主任一吓，吐出来了。黑泥的地面，雪白的花生屑，人赃俱获，原形毕露。刚才还若无其事的一排，顿时就傻了。

第二个同学的小聪明惹来了麻烦。他漱了几下，竟然把水给咽了。我现在想起来都恶心得反胃。班主任警觉地从椅子上弹了起来，紧盯着第三个同学。看着第三个同学正想往肚子里咽的时候，他一个箭步，伸手在他的后脑勺上就是一下。那嘴里的水被激得好远，越过了办公桌，溅到了看热闹同学的脸上。窗外随即又是一阵哄笑。

班主任的表达向来直接而有力，他冲着窗外用手一挥，眉眼一瞪："滚——"窗外的同学轰的一下子就散了。

那天邻村的媳妇也没有讨到个说法，只是抓着我们几个出了气，杀了杀我们的威风。其实，我感觉她进了老师的办公室也有点拘束，说话表现比来的路上收敛了许多，在与班主任沟通时还显得通情达理起来。毕竟学校是读书人待的地方，她也知道分寸，见好就收了。

乡下的路边，顺手牵羊的故事天天都在发生着，常在河边走，哪有不湿脚的。孩子们一馋就没了脑子，记不住老师的教训。再说，为了一星半点的东西追到学校里来的并不多，在半道上骂骂也就算了。就是追来了，最多也只是讨个说法。其实乡下人怕的不是偷吃，而是孩子们胡乱地糟蹋。

当着邻村媳妇的面，班主任将我们好好地教训了一通。邻村媳妇走后，班主任发现我们几个还杵在那儿，便站起身，端着茶杯，在我屁股上轻轻一踢："滚——"

那天，我们收获的不仅有批评、惊吓，还有对老师智慧的崇拜。

出办公室门的时候，同伴很意外地问我："就这样，没事啦？"

"嗯，没事了。"

"不要赔？"

"不要赔。"

邻村媳妇的追骂，班主任大动干戈的侦破和处理的结果显然不匹配，雷声过后雨点太小，让我们一时竟不敢相信，事情就这样过去了。

另一个更不识趣："喂，你们有没有发现，她家的花生太嫩了，不甜，水腥味。明天我们去岗上那家吧！"

我瞟了他一眼，没敢搭讪，我们都心知肚明，一场恶作剧的结束，喻示着另一场恶作剧的开始。

我在心里说："好的！"

两片荷叶

放下饭碗,母亲就把我们往学校里赶。午饭过后,我们通常是不太愿意早早回学校的。最好是踩着点进教室,那才不辜负这珍贵的午间时光。

虽然被撵出了家门,但也要约上三五个人才会晃晃悠悠地向学校走去。和赶回来吃饭时的急切完全不同,这段我们可以主宰的回校时间,能磨蹭一会儿,就尽量多磨蹭一会儿。

路边的荷花开得正艳,高出人头的荷叶在烈日下泛着乌青。风儿一撩,荷叶甩得像大象的耳朵,我们肚子里的馋虫也跟着醒了。同行中有人问:"藕现在好吃了吗?"这句话问得我们心领神会。午饭刚过,说饿还真不饿,说馋,那也是真馋。

那时候乡下的水塘刚刚开始有人承包,有的养鱼养虾,有的养鹅养鸭,菱角和藕只是配套着种的。农家把河里的收成看得和庄稼一样重,有的人家还在河边支了个窝棚,怕人偷鱼摸虾,日夜看着——白天由人吆喝,晚上靠狗站岗。

我们当中最麻利的一位已经脱下了裤袜。可能是怕被看到小丁丁吧,所以保留了一条裤衩。初夏的中午,阳光烈得能把人烤化。

这样的午间，看荷塘的人多半在睡午觉。我们几个蹲守在河边的蒿草丛中把风，晒得胸口发闷，连呼吸都感觉到困难。突然，不远处有骂声传来。那声音边骂边走近，吓得河里的同学像水老鼠一样，一个猛子扎到了对岸。我们抱着他的衣服四散着就逃回了学校。

骂声异常地执着，追进了校园，追进了教室。面对着十多个黑乎乎的男孩儿，辨认起来着实还有些犯难。但是，来人气势很猛，骂声响亮，不依不饶。

到底是老师聪明，他只转了两圈，便轻松地就找到了那个下水的同学。领口一提溜，就把那只水老鼠揪出来了。没等来人开口，老师就开始了声色俱厉的批评。现在已经记不得老师怎么说的了，但当时感觉句句在理，上纲上线。意思是，长此以往必定会被派出所抓去法办的。关键是，老师用的是地道的本地土话骂的，字字入耳，句句走心，想不听都做不到。那个同学非常识相，双脚立正，中指贴紧裤缝，耷拉着脑袋，一副蔫了吧唧的可怜样。我们都知道，他这是表演给大人看哩。

追来的人可能感觉到毕竟是个孩子，再落井下石就有点不大人道了，转身悻悻地走了。出门时还留下一句感叹：老师没管教好这些小王八蛋。

"跟我走——"老师转身出了教室。

水老鼠夹着尾巴跟着。奇怪的是，不是去办公室，而是向着老师宿舍的方向走去。

我愉快地发现，他湿漉漉的小裤衩把裤子印出了两个小圆，紧紧地贴在屁股上，像两片移动的荷叶……

跑　饭

农村的初中，中午学校不管饭。买饭菜太贵，只能自己蒸饭。

巴掌大点儿的食堂，除了供应老师的午饭以外，容不下几个代蒸的饭盒了。所以，带饭来学校蒸是要提前请示的。到了中午放学的时候，大家就被分成了三拨：一拨带了饭盒的，立马就能狼吞虎咽；一拨回家吃饭的，专注地在田埂上狂跑；还有一拨，被强留下来补作业，不许回家，没饭吃——这拨最惨。

那个阶段的我们正长身体，肚子里没有多少油水，饱得慢，饿得却很快。朴素的早饭，几个坎一跨，两泡尿一撒也就没有了，没几个能扛到中午的。

饭点将近的时候，食堂的蒸笼里飘出了勾人的菜香，听课的注意力在菜味的纠缠下变得心猿意马。靠近窗口坐的那几个借着得天独厚的位置，脑袋像探出水面吸气的甲鱼，把鼻孔张得滚圆——萝卜、咸肉、炖蛋……肠胃辘辘，鼻子也就不放过一丝掠过它的味道。

提前下课的班级，有学生已经拿到了饭盒，故意用筷子敲得"嗒嗒"直响。食堂师傅的骂声里带着一股娘娘腔："别敲了……敲什么魂，讨饭胚！"听久了才知道，吃饭敲碗是叫花子干的事，

顾忠兵　画

敲碗显得没有教养。师傅的骂声作用不大，校园里依旧是"嗒嗒……嗒嗒……"。教室里的我看上去不动声色，其实心早就像蒸笼上的热气飘出了窗外，牙神经也开始痒痒了。

学校处在几个大村子的中间，看着虽然近，走着却很远。走大路要绕，穿田埂就能快许多。放眼望去，除了几个女生端庄且不紧不慢地走着，几乎所有的男生都在为了午饭狂跑。优雅与狂野在饥饿面前呈现得楚汉可辨。

那时候我特别羡慕有自行车的同学，能够在田埂上快得像风一样。从你身边滑过的时候，还不忘留下一串撩人的铃声，有时还故意将女同学逼进路边的草丛里，惹得女生捡起土块扔他们。得意的铃声伴着哆哆的俏骂，少年时懵懂的情感在田埂上便悄悄地滋生了。

乡下孩子吃饱了能跑，饿了跑得更快。田埂上吃草的牛和羊都乖乖地回避到了田里，就连狗儿都不敢主动迎上来表示友好了。因为它们知道，这个时间里凑上来，耽搁了孩子们吃饭，轻则挨上一脚，重了还要吃砖头块呢！

远远地，看到村前的土岗上有了孩子晃动的身影，母亲就开始拿碗盛饭了……

这种疯跑着去吃饭的习惯一直保持到我们上师范的时候。中午的铃声一响，男同学会像百米冲刺一样奔向食堂。那时候饭菜是分窗口而设的，所以得分工合作，一个买菜，一个买饭。

师范强调师德形象，吃饭哪能像野孩子一样狂跑，校园里容不下这种狂野气息的蔓延。

一天，校长悄悄站在了食堂门口，守株待兔，一眼就抓住了我班的一名男生。校长非常有哲理地循循善诱："你跑得再快，只能做一个冠军。买得了饭，就买不了菜。买得了菜，就买不了饭。总之，你只能得一头的冠军。我倒可以让你得两头的倒数第一。"

"原地站好了，等全校同学吃完了你再进去。"校长背着手陪他站了好一会儿，直到觉得已经引起了全体同学的足够重视才离开。

那天我的这位同学站在食堂门口，等到全校同学都吃完了，才走进了食堂，他果真得到买饭买菜的两个第一，不过，是倒数的。

那天，他站在食堂门口成了生动的反面教材，也成了女同学暗笑的对象。乡下孩子的野性在纪律与颜面的双重压迫下悄悄地偃旗息鼓了。

听，老呱子在夜叫

唉，又停电了。

村里的孩子最恨两种停电：一是放露天电影的时候，正在兴头上，突然没电了；二是自己村子停电了，邻村却还有电。虽然大家已经习惯了三天两头地停电，但习惯并不代表情愿，尤其是孩子，每到这些时候恨死了村里的电工。

又停电了，我冲出屋子，先看看邻居，再看看邻村，从近到远一片的漆黑，没有一丝的光亮。都停了，公平就好，我悻悻地回到房间。

家里常年备有蜡烛。经过一个夏天的炎热，蜡烛大都已经变形了，难得有几根直的。大人们喜欢把蜡烛插在酒瓶嘴上，插得高照得远嘛，但做作业却不行，太高了灯下黑，反而看不清。我滴了几滴蜡烛油，将它粘在了桌上。

过了这个冬天就要初中毕业了，对于农村孩子来说，中考于命运有立竿见影的意义。老师将这层关系讲了无数次，但都没有母亲讲得深刻透彻。母亲说，考好了，就能把户口转出去了，就再也不要在村里种地了。母亲吃了一辈子不识几个字的苦。从小学二年级开始，母亲就辍学在家，先带大了舅舅，再带大了大姨，又带大了小姨。乡下孩子想要出息，唯一的出路就是读书。"面朝黄土背朝天，蛇钻到屁眼里没工夫撵。"父亲经常用这样的谚语来描述种田的辛苦。

停了电的村子出奇地安静，尤其是冬天，家家户户日落而歇，连狗都被冻得不愿叫唤了。那时候我们学的几乎都是"哑巴"英语，不会发声，但必须会考试。我们会在一些单词后面标上中文读音，比如狗叫"刀割"，比如香蕉叫"不那那"，这主要是应付老师口头检查用的。平时老师会油印一些资料给我们，更多的是我们整黑板地手抄着练习，购买的复习资料是极少的。停电那天，我正巧从同学那儿借来一本英语习题册，两百多页，答应好了第二天就得还回去。答应了同学就要言而有信，明天一早就得还。

我把自己关在房间里，伴着弟弟小猫一样的呼噜声开始啃题。先是坐着；脚冷了，用热水泡脚；脚还冷，上床用被子裹着。风从窗户的缝隙里钻进来，冷飕飕的，显得格外地安静。我将身体蜷缩在被子里，将缝隙压压实，继续啃题。烛火摇曳，万籁俱寂，不知什么时候，我竟然睡着了。睡梦中突然听到刺啦一声，我本能地抬起了头，一股焦臭味飘了出来。头发被火燎到了。用手一摸，一手的焦灰，那是有机物燃烧特有的味道。

可能是过了半夜了吧，风穿过木窗并不密封的缝隙，吹起了口哨，呢呢喃喃，时急时缓，断断续续的。细听，像有人伏在窗外，对着你吹气，或是发现你不理他，抓起一把枯叶，沙沙地撒在你的窗台上。突然，从村子的深处传来"呱——呱——"的声音。这声音在寂静的夜里穿透力极强，一下子灌进了我的耳朵。我屏着气，用心寻找着声音传来的方向。"呱——呱——"，声音越来越近，越来越响，像有夜行人在哭喊。

声音在我的窗前响亮地喊了一声"苦啊"，随即就慢慢地远去了；可是只过了一会儿，这声音又回来了，在村子来来回回地萦绕着。

我一动不动地趴在桌上，所有的注意力都被这声音吸引走了。此时此刻，整个村子都在沉睡。猪在栏里打着呼噜，狗儿不知窝在哪个草垛里面，家人正做着春节将至的梦，可能只有我一个人还醒着。这样不合节奏地醒着，会不会遇到不该遇到的可怕事情呢？风声细而尖厉地轻吼着挤过窗缝，寒气与烛光纠缠着，气氛显得凝滞又冰冷。我不自觉地紧了紧被窝。

烛火在风的撩动下微微地摇动着，我更加地紧张与忐忑。奶奶说过，晚上听到老呱子哭叫，那是死的人魂灵在村子里诉苦。虽然我知道这是老人用来吓唬我们孩子的，但现在真的听到了，让人毛骨悚然，手脚冰凉。

母亲早早地起来，发现我还趴在桌上，让我躺下好好再睡会儿。看到天快亮了，我的心里一下子安顿了许多，那个早晨睡得特别香。

在许多人的眼里，孩子是调皮与没有自律的代名词，但是很少有人知道，一个孩子会有怎样的坚持。认准的事情，他们也能扛住惊吓，也会忍住困倦，从身体里会迸发出超越这个年龄的力量。这是一个人的坚强，也是一份孤独，没有人知道这个夜里我想到什么，更没有人在意一个孩子的经历。但是，我做到了，第二天准时将书还给了同学。

或许，这就是成长。

临出门的时候，母亲拿剪刀将我头发上焦黄的地方剪去了一些。我悄悄告诉母亲，昨天晚上我听到"鬼"叫了。母亲没有直接搭茬，好像生气的样子往我口袋里塞了两个鸡蛋："白天抓抓紧，晚上早点睡！"

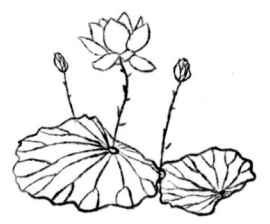

当时煤矿的日子有种混沌的单纯。说它混沌,着实混沌。日子没有目标的引领,没有理想的支配,衣食无忧,喜乐随性。说它单纯,确实单纯。除了吃喝,就是玩乐,学习倒成了副业,游戏是生活的主角。这种用金钱也买不到的曼妙时光是特定时段的馈赠,短暂易逝,也弥足珍贵。

第四章 煤矿上的熊孩子

独住的丘比特
手上的机油味
拖拉机的伤害
炉煮四季
蜗行的姿势
独立坟头

独住的丘比特

童年的独住,是恐惧,更是喜悦。

十岁那年,父亲将我带到离家三十多里外的煤矿去读书。初去的时候,住在电影院的门厅里。电影院的大门有近两人高,十扇玻璃木门一字排开,很是气派。进了大门,就是门厅。门厅往里,是分单双号进礼堂的两扇小门。父亲的宿舍就在门厅的一侧。

电影院是专为煤矿职工娱乐准备的,每周至多放一场电影,有时一连几周都没动静。没有电影的日子里,大门紧闭,只有野猫能从门缝里挤进挤出。我想回宿舍,要从影院的另一头边门进去,穿过伸手不见五指的礼堂。边门里挂着布帘,严严实实,密不透光,乍一进去两眼一抹黑,我几次生生地撞在了木头椅子上,痛得差点跪在地上。

虽然我在煤矿读书,但父亲并没有因为我而减少回家的节奏。他每天照样骑三十多里地回家,把我一个人丢在宿舍里,极少与我同住。起初的一段日子着实吓人,尤其是夜晚难熬。

为了尽量减少穿越黑乎乎的礼堂,在没有电影的日子里,我将饭盆放在父亲的办公室里,趁着天没黑就到食堂草草地吃好了晚饭，然后硬着头皮穿过漆黑的礼堂，跑回房间，将房门反锁起来。

煤矿的礼堂建在半山腰上，离工人的宿舍区很远，房间里几乎听不到一点外面的人声。每当夜深人静的时候，礼堂里就会不时地发出各种不知名的响声来。一会儿像什么东西砸到了地上，一会儿又像什么东西断裂了，一会儿像有什么东西在地上滚动，一会儿像是有人的跑动……每一种声响都能清晰准确地传递到我的耳朵里，心随即也跟着剧烈地跳动。

我将桌子转个方向，好让自己的背紧贴着墙，脸正对着房门。虽然是做作业，但耳朵却忙碌地搜索着从礼堂里传来的哪怕一点点的声响。更为可怕的是，有时宿舍里的日光灯会随着礼堂的响声一明一暗的，于是我的心也随着灯泡心惊胆战。

礼堂里生活着许多野猫，凄厉地叫着，到处跑动，声响不断，在我的脑海里创造出数不清的恐怖画面。我感觉，这些可怕的东西随时都可能闯到我的房间里来。住在这样的宿舍里，不熬到油尽灯枯我是无论如何睡不着的。直到实在熬不住了，我才带着一根拖把杆儿钻进被窝，沉沉睡去。恍惚中还想着自己就是孙悟空，能打跑所有的妖魔鬼怪。而灯，则一直开到天亮。

随着时间一点点地过去，与周围的人逐渐熟悉了起来。几个同学知道我住在电影院里，借着帮我送饭盆、书包什么的，就能大摇大摆地蹭到免费的电影。听说礼堂里猫多，还借来手电筒合伙抓到了两只。但是，电影总会散场，玩性总会散尽，他们没有一个敢留下来陪我住宿的。每天夜里，陪着我的只有那根拖把杆儿。

电影院边上的平房里不知什么时候住进了一个小伙子，负责检票和管理乒乓球室。小伙子长得又高又帅，斯斯文文，就是胆子小。起初，他对我们这群孩子是很不屑的，住进来个把月，都没有正眼瞧过我们。

一天，他突然找到我，塞给我一小包瓜子，让我受宠若惊，不敢接他的瓜子。待我接过瓜子，才发现他手里还有一张纸条，想让我送给图书室的漂亮姐姐。我知道这叫情书，送这样的信躁得慌，我死活也不愿干。他就用更多的零食来诱惑我，说是只要我们几个小家伙帮他送信，瓜子、鱼皮花生每天都有，而且乒乓球室随时可以给我们玩。

作为对我的报答，他言而有信，先将电影院的一扇大门故意锁松点，留一个我正好能够挤进挤出的缝。这样我回宿舍就不用再穿过漆黑的礼堂了。巨大的诱惑根本容不得我拒绝，我们几个小家伙就投入地帮他送信，他也乐哉地给我们打球，顺带乒乓球室的卫生也成了我们的责任。他呢，只负责把自己打扮得漂漂亮亮，流行的喇叭裤脚像两把扫帚在地上扫着，而屁股被包得又紧又圆。一抬头，头发上的油都可以炒两盘菜了。

当时电影院的猫多，老鼠则更多。我常常半夜被老鼠打架的声音惊醒。它们能够大摇大摆地在我面前走，神情比我还气定神闲。有几次，连我的作业本都被咬缺了角。

父亲带回来了一只老鼠笼子，当晚就从床底下笼住了一只比筷子还长的家伙。被笼住的老鼠吱吱乱叫，疯狂地窜来窜去，露出一脸的凶相。那是一个极冷的夜晚，我将笼子提到小伙子宿舍门口，请他来帮忙处理。可是他怎么也不敢出来。干脆，我把老鼠笼子拎到自来水池上，浇了个透湿，就丢在了他门口。第二天一早，就听到他像被老鼠夹子夹到了一样，大呼小叫，吓得屁滚尿流的。而老鼠呢，早被冻成了标本，四脚伸展着，好像正在逃跑的样子。

差不多有两个月的时间了吧，胆小的小伙子只是给漂亮姐姐写信，但我们从未传递过回信。我们的球技从钓猫儿鱼都练成了拉球了，但他的爱情似乎没见什么起色。没多久，漂亮姐姐被调走了，失去了爱情的他好像见谁都不是好人，甚至连我们这些小丘比特也成了他报复的对象。不仅断了我们的零食，乒乓球室的钥匙也被收走了。有时我们几个在工人们打球的间隙见缝插针打两下，也经常被他驱赶。我们的友谊就这样在他的驱赶声中渐渐湮灭了。还好，他给我在大门上留着的缝还在，我打心里感觉他对我还是网开一面的。

手上的机油味

自从管乒乓球室的小伙子失恋后,我们就被剥夺了使用乒乓球室的权利。当勃发的生命力无处排遣多余的精力时,活动的范围就会扩大,规矩的边界就像泥土一样抵挡不了草芽的力量,被冲出一个个意想不到的缺口来。

没有大人约束的夜晚充满了自由、畅想与无数的可能。当几个父亲都不在身边的孩子聚到了一起,就能将这种美好的机遇使用得淋漓尽致。夜晚来临,煤矿的路灯次第亮了起来,将光与影、黑与白配合得恰到好处。在这样悠闲到了极致的夜晚四处游荡着,既公开又隐蔽,既自然又激动。

煤矿不光有煤,还有大量的重型机械和各种的大小设备。只要留心,到处都有"废铜烂铁",有用的,没用的,只要你想拿,一个晚上就能收到几十斤。拉到收购站一卖,包子油条豆浆的钱就全出来了。所以在我独住的那段日子里,我自我感觉还是挺富有的。至少看电影的时候有钱买瓜子花生,有时还带瓶橘子汽水。

不知道是谁提醒说汽车电瓶里的锡板很值钱。一天晚上,我们几个趁着夜色溜进了煤矿车队的维修车间。车间里整齐地放着一排正在充电的电瓶，散落不用的锡板倒没几块。我们几个连敲带拆从完整的电瓶里拆下了几十块锡板。完整的锡板收购站不收，我们就地取材，抓一把棉纱点火，连夜在煤区的菜田里把锡板熔成了一大块"饼"。

一阵热火朝天的忙碌后，每个人的手上都沾满了机油。我的手还被电瓶里的酸烧得生疼。那是一个惊心动魄的夜晚，小伤影响不了成功的喜悦，我们期待着第二天卖掉大饼后的分享。那个晚上我们没睡几个小时，梦里都是对第二天的憧憬。

第二天的喜悦还没有等来，惊吓倒是不期而至了。午饭还没到，煤矿保卫科的人就追到了学校。老师让我们将手伸出来，指甲里的油迹和手上的烧痕将我们出卖得彻头彻尾。来人几乎不费吹灰之力就把我们揪出来了。那天我们几个被关在老师的办公室里，一直等到父亲来赎我们才回了家。父亲倒没怎么"痛下杀手"，只是揪着我的耳朵从办公室一直拎到自行车边，半边脸都快被扯下来了。父亲还说要赔好多钱，不知道是真的还是吓唬我们。反正同谋的一个同学被他父亲"就地正法"得很惨，那声音让我联想起腊月里杀猪的声音。

事后父亲回忆起这件事，没有再怪我的意思，反而倒像是在讲述一件骄傲的事："那天车队里好几辆运煤车都趴了窝了。每个电瓶里都被抽走了几块锡板，一看就知道是孩子偷的，真的小偷不会这样。"

再后来我也做了教师，我的学生也干过类似的勾当。当讲到"不解藏踪迹，浮萍一道开"时，我将我的故事与他们分享，他们觉得我这个老师还真的跟别人不一样。

独住的快乐远不止这些。

顾忠兵 画

比如，煤矿工人干的是三班倒的工作，所以食堂随时都有好吃的供应；山下的小溪清澈得似乎看不见水，掀开石头，下面就有指甲盖大小的螃蟹；山下人家的门前板栗就要成熟了，毛刺正在发黄，一砖头就能砸下好几个；上学路上的茅草长得半人高，只要一点火，就一直可以烧到山脚下……

煤矿大门口的聚光灯超亮，秋天的夜晚蚊虫密密麻麻，成团成团的，吸引来了蜻蜓和壁虎，也吸引来了我们。

那天夜里极闷，像是孕育着一场大雨。大门口水塘里不断地泛着黑色的泡泡，飘着阵阵的腥臭。一群一群鲢鱼浮着头，在黏黏的黑水里垂死挣扎着。我和几个同学原是来捉蜻蜓的，见有这许多的鱼，便抬了只小木船，又在竹竿头上钉了根长钉，就开始捞鱼。可恶的是，浮头的鱼当我们把船摇近时，它又将头闷进了水里。一次次的希望，一次次的扑空，兴奋与气愤夹杂着，失望与希望纠结着，一身的泥水，只捞了一条鲢鱼。

正在兴头上的时候，突然发现岸上有几个人在朝着我们看。再一定神，妈啊，父亲和几个同学的爸爸正站在岸上辨认这里有几家人家的儿子。其中一个人大喊了一声："一点多了，不睡觉了。"这一嗓子把一塘的鱼都吓得闷进了水里，差点喊翻了我们的船。

我们将船划到了岸边，拎着鱼就往宿舍跑。我又怕父亲动手撕耳朵，连手脚都没洗，就钻到了床上，假装睡着了。

父亲那天没有动手，只是第二天早早地就将我拎了起来，将床上的席子用热水烫了好几遍。

可能是因为我太过顽劣，父亲又没时间管束我，所以当我小学毕业的时候，父亲又将我带回了老家，送到老家的初中读书，独居的快乐就这样终结了。

现在回头想想，当时煤矿的日子有种混沌的单纯。说它混沌，着实混沌。日子没有目标的引领，没有理想的支配，衣食无忧，喜乐随性。说它单纯，确实单纯。除了吃喝，就是玩乐，学习倒成了副业，游戏是生活的主角。这种用金钱也买不到的曼妙时光是特定时段的馈赠，短暂易逝，也弥足珍贵。

拖拉机的伤害

对于才上五六年级的我来说，独住的美妙在于自由，但也常常受到饥饿的困扰。

虽然煤矿的食堂近在咫尺，也几乎是二十四小时都有供应，但为了吃饭专门跑几百米，还要自己洗盆刷碗，对于一个孩子来说总感觉有点烦。尤其是早饭，在睡懒觉与挨饿之间，我宁愿选择挨饿。这一挨，也就挨成了习惯。直到后来参加工作，我也是十有八九不吃早饭的。

煤矿分东、西两个矿区，分别坐落在两座相邻的小山上，间隔着四五里远。中间还夹着一个砖窑厂。每天运煤的卡车、拉砖的拖拉机川流不息，把矿区之间的路压得高高低低、坑坑洼洼，几乎找不到一块平整的地方。晴天里，卡车和拖拉机在这样的路上基本是跳着向前的，到了雨天，它们又成了稀泥搅拌机。

每天中午放学，我都要从西边矿区的学校跑回东头的矿区吃饭，路上少说也得花上半个多钟头。学校的教师多半是工人兼职的，少有耐心，凶得直接。下午如果迟到了，一定会被数落好久，运气不佳的话还要在教室门口罚站。这些还不是最重要的。由于没吃早饭，临近中午感觉自己像饿狼一样。在这种状态下，这四五里路对我来说就显得尤其漫长。

那时候我还没有学会骑自行车，偶尔偷着将父亲的自行车拿出来练练，也多半是摔得腿脚生痛地回去。为了节约路上的时间，最好的办法就是扒拖拉机。路上拉砖的拖拉机开得慢，遇到上坡"啪啪啪"地直冒黑烟，像是要爆炸的样子。扒拖拉机有讲究，重车不能碰。马路不平，装了砖头的拖拉机一摇一晃的，砖堆随时都会塌下来，危险，灰也多。但空车就不同了。悄悄猫到拖斗的后面，紧跑上几步，用力抓住后门，两脚一提，就扒上车了。只要手上有力气，手拉脚撑地攀在它的后门上，一下就能被带出五六百米，比两条腿快多了。

扒拖拉机得团伙行动，不然就少了气氛，更没了炫耀的资本。作为一个男孩子，如果连拖拉机都不敢扒，是要被当作笑话讲的。

当时有个同学个子比我高出一头，白白嫩嫩，具有男孩子少有的文静，言谈间恍惚有雌雄难辨的感觉。他喜欢和我们一起玩，但我们干什么他只是看，不参与，也不反对。我们偷荷兰豆，煮熟了他会吃；我们摘黄瓜，洗好了他也吃；我们捡废铁卖，零食他也分。他不主动带头，但分享也总不落下。

那天中午，我们沿着马路一溜小跑，追上一台拖拉机，像猴一样攀了上去。他见我们都扒上去了，也就跟着扒了上来。矿区间的路还真颠，手上没点力气，脚下没点技巧还真难扒得住。拖拉机顺着下坡跳跳蹦蹦，速度越来越快。一个大颠，我的两脚一下从后门上滑了下来，却怎么也提不上去了，膝盖瞬间拖到了地上。越是紧张，就越使不上劲，手还抓得越紧。就这样，我被生生地拖了五六十米，最后是用力才松开了手，整个人摔趴在了马路中间。再

侯德剑　画

看，裤子被磨出了两个大洞，手上蹭脱了皮，火辣辣地痛。还好，膝盖只破了点皮，算是捡回了一条命。

我那位白嫩嫩的同学就没这么幸运了。平时练得少，没有实战经验，他的一条腿已经翻上了拖斗，另一条腿却被颠得怎么也翻不上去，人就骑在了拖斗的后门上。这种姿势坐在车斗上，是经不起颠的。他的嗷嗷叫惊动了司机。当司机急急地刹了车，将他抱下来的时候，他连腿都并不拢了。送到煤矿的医院里，医生说："还好，蛋蛋保住了，再颠就碎了。"看得出来，他是痛得要命，他父亲是担心得不行。后来的几天里，他连路都不能走了，一直是他父亲用车驮着送到学校的。

经历了这次事故，几位同学的父亲达成了协议，严令我们再也不许一起玩。父亲也很快将电影院里的宿舍搬到了离学校很近的西边矿区，我也自然不能与他们同路回去吃饭了。

再后来，我发现那位同学越来越文静了，翻书时小拇指翘成了兰花，显出几分婀娜来。我想，八成是那次拖拉机给害的。

炉煮四季

父亲知道我懒，怕跑食堂。他说，一个连吃饭都怕多走几步路的人，将来必定没有出息。但又怕我饿着，于是便逼着我学做饭。初学时出于好奇，也有成就感。但几次下来，才发现做饭远比跑食堂要繁难许多。在父亲锅铲的强迫下，我到底还是能够自给自足了。

煤矿用煤很方便，当时流行烧煤球或是蜂窝煤，火大，烧得也快。但父亲偏说那东西容易中毒，专门借来了旧的煤油炉子。炉子火头小，像蜡烛芯一样围成一圈，烧得极慢，等得心焦。用这样的炉子烧饭得未雨绸缪，如果感觉饿了才动手，多半是会饿晕过去的。

烧煤油也并非一无是处，煤油燃烧能够散发出好闻的气味。这样的气味也不是处处能闻到的。记忆中，为了闻类似的味道，我们曾经在村边的马路上追着卡车的尾气奔跑。如果说用这样的炉子烧饭有什么好处的话，可能味道好闻是唯一的答案了。尽管我对烧饭毫无兴趣，甚至讨厌，但一来二去总算掌握了吃饭的自主权，还学会了最难的一门技术——在炉子上烘饭。

有此经历的人都知道,用炉子烧饭,十有八九锅底是会烧煳的。但我却能烧得一手好饭。当锅烧开了,就得赶紧熄火,焖上一会儿。估摸着米粒涨透了,再用小火烤饭锅。钢筋锅要不停地转着圈烤,不然锅底的饭就会焦苦。烤上几圈之后,再焖上一会儿,饭就该熟透了。在这个过程中绝不能掀开锅盖,最好是用抹布将锅盖的缝也遮严实了。如果少了这个烤烘的过程,饭会夹生,还会粘牙,就更谈不上香了。

自从学会了使用煤油炉子,我倒喜欢上了吃食堂。原本觉得洗碗这类头痛的事情,反倒觉得轻松了起来。吃了食堂,又有炉子作为不时之需,生活的滋味就慢慢丰富了起来。

在后来的日子里,我将炉子的好处一点点地发掘了出来。

记忆中用炉子做主食的机会少,煮野食的机会却很多,炉子成了装点生活、提升生活质量的必需品。那一年里,我的钢筋锅成了田间产品的集散地。春烫豆苗、莴笋、红苋菜;夏炒辣椒西瓜皮;秋焖扁豆、毛豆、西红柿;冬煮山芋花生米。四季轮转,凡是能下锅的,炉子上都不会缺位。炉子吊起了孩子们的馋虫,四季熟悉的田产,为我赢得了牢固的江湖地位。有了炉煮,我的宿舍似乎成了梁山的聚义堂,快乐在分享中集聚着,蔓延着,日子也因为味道而变得充满了期待。

宿舍的不远处有一块很大的地,地里疯长着厚厚的一层荷兰豆。从开花到结荚,再到饱满,都没能逃出我们的眼睛。刚结荚那会儿,天天有农民在地里采摘。豆子很小,连壳清炒,清香中带着甜味,妙不可言。慢慢长大了,豆子饱满了,农民采摘的节奏也变慢了,满地的豆子缀在藤上,也缀在了我们的心里,沉甸甸的,拔也拔不出来。

一个晚上，几个同学摘回来一脸盆的荷兰豆，足足煮了两大锅。经过比较，大家一致认为，放盐的一锅要比清煮的更加可口。吃完了，谁来销尸灭迹呢？刚才吃相贪婪的几个家伙，谁也不肯去倒豆壳。最好的办法就是剪刀石头布。一个同学很不情愿地被选中了。

正应了"祸福相依"那句老话，第二天中午回家，我们几个的父亲们就已经在等着了。那天，我们几个站成一排，集体向荷兰豆的主人鞠躬道歉，还写下了永不再偷的保证书。田主人几乎是带着哭腔在诉苦："采点吃吃就算了，你们去看看，地里被踩成什么样了！藤子连根都被拔起来了。这些孩子得好好管管！好好管管！"

父亲们边打招呼，边骂着我们，像演双簧一样将田主人连哄带骗地送走了，留下我们几个站在那儿，互相猜忌着："到底谁是叛徒呢？"

我壮着胆子问父亲："人家是怎么知道的？"父亲拧着我的耳朵走到宿舍窗台下，一大堆的豆壳安安静静地撒了一地，向来来往往的人昭示着昨夜发生的一切。我瞬间明白了猪是怎么死的。

现在想来，那位剪刀石头布输了的同学倒真的有几分二师兄的风范，吃得多，还懒得动。一晃三十多年过去了，那群朋友一直没有再见过，我想，他应该是个胖子了吧。

一个小小的煤油炉子，让我们真切地领略到了四时果蔬的节奏与鲜美，也在心底结下了与泥土无法割舍的乡野情结。锅里煮着的是农田的馈赠，却也在正趋健全的心智上打下了春种秋收的烙印。农人四时的劳作、自给自足的尊严、付出与收获的真理是对孩子们最有效的乡土教材，让我们明白，只有"春种一粒粟"，才有"秋收万颗子"的可能。朴素的生活节律，瓜果蔬菜的倾情奉献，是果腹的滋味，也是有效的教育手段。这个世上没有捷径，唯有勤勤恳恳，一锹一锄，才有锅里的四季飘香。这个道理随着年岁的增长，感受越发地真实，越发地不可动摇。

几根灯芯，炉煮四季，一段日子磨成心灵的钥匙。它知道，我们迟早会用它去打开回忆，然后豁然洞悉——原来，生活的锦囊早已经在那个时候植进了我们的心里。

蜗行的姿势

煤矿的食堂很忙，一天要供应五餐。井下的矿工三班倒着工作，下午和晚上就得往矿井底下送包子和馒头。食堂的包子个大，肉馅却小；馒头也大，但抵不过矿工们的饭量大。

清晨，常常能看到矿工们用筷子插着三个拳头大的馒头，端着一搪瓷缸的稀饭，稀里哗啦就下了肚。那喝粥的架势，好像不经过喉咙，直接倒进了肚子里。看着他们吃饭，能让人的食欲陡然旺盛起来。

煤矿是男人的世界，充溢着雄性的力量。这种力量除了发挥在井底，也让矿工们的业余生活多了些竞争与火药味儿。

食堂前面有一块灯光篮球场。之所以叫作"灯光球场"，是因为在球场上方拉了几根钢丝，上面装了几盏太阳灯。当夜晚到来的时候，球场就变得十分明亮，既惹眼又前卫。平时这里打球的人不断，围观的人更多。有嘴里嚼着饭叫好的，有端着饭碗走神的，有敲着盆子起哄的，还有吹着口哨喝倒彩的……食堂门前这块不大的球场是人流的集散地，也是矿工们的角力场。

一次球场上正在拔河，被看热闹的矿工围得水泄不通，我只能从那些壮汉们的胳肢窝里钻进去。一群成年男人正拉得青筋暴露，脸红脖子粗，大有争个鱼死网破的样子。可是最后的结果却让大家啼笑皆非，几个自视甚高的队伍都输给了食堂的厨师队。那天围观的饭盆敲得哗啦啦乱响，起哄的声音盖过了裁判的哨子。"他娘的，以后不许食堂参加，个个胖得像猪，躺在地上都拉不动，还拔个鸟啊！"围观的人群在饭盆与勺子的撞击声中一哄而散，而场地中央雄性荷尔蒙的气息在空气中滞留着，久久地化不开。

矿工的生活很单调，甚至有些无聊。如果说有什么值得羡慕的地方，就是可以尽情地泡澡。那时候乡下人洗澡很不方便，煤矿的浴室倒是整天都开放。加上入口没人管，周围邻村的人一溜也就进来了。

浴室有三间大房间，依次排着三个大池子。前两个池子外面人一般不敢用，是专门给从井下上来的矿工们备着的。刚从矿井里上来的矿工们，全身上下都是黑的，只有眼睛里偶尔流露出一丝的眼白。统一的装扮，统一的黑色，统一的狼狈，统一的疲惫，乍一看，谁也认不出谁是谁。

煤矿的分工不多，大致分为掘井队、采煤队、安全队之类的。父亲刚到矿上的时候，就被分到了采煤队。苏南的小煤矿离地深，煤层薄，每次下井要随着矿车跑上近千米才能到达工作面。父亲告诉我，井底的煤层只有桌子那么高，大型机械根本用不上，只能用钎镐一镐一镐地去挖。坑道又窄又矮，还渗着水，很多地方只能侧着身子，趴在地上像蜗牛一样作业。虽然戴着像防毒面具一样的口罩，但不多一会儿，嘴里鼻子里眼睛里就塞满了煤灰。很多矿工年纪不大，就得了矽肺这样的职业病。

工作环境的艰苦倒在其次。每次下井，矿工们最怕的就是井下事故。塌方，透水，瓦斯爆炸。虽然矿上每天都在强调安全，说得比天大，但矿工们知道，他们的工作几乎是在用命博弈。说不定哪天，下了井，就再也上不来了。所以工龄长的矿工，多少都有抽烟、喝酒、打架的坏毛病，脾气暴躁，说话冲人。与其说这是他们身上的毛病，不如说是他们需要找一个发泄的出口，以平衡井下带来的恐惧，或是减少对未来不可预知的精神焦虑。

矿工们走出矿井，第一件事就是洗澡。他们脱下工作服，整个人立即被分成了三节。上下都是黑的，只是中间一小部分还能看得出肉色。浴室进门的两个池子，就是专门供他们洗身上的煤灰的。每上来一批矿工，就要放水清理一次，每次清理，都要用铲子才能铲走池底一层的煤灰。

当脸上的煤灰稍稍洗去，才能分辨出来谁是谁。有人才露出半张不黑不白的脸，就急不可待地坐在池边抽起烟来。抽烟和喝酒与矿工的生活形影不离，是他们最好的放松，也是最直接的方式。烟点上，话就多了起来。谈井下的事情，约洗澡后喝酒，讲黄色段子……一边讲着，一边还搓洗着工作服。声音与池子上方氤氲的雾气、烟气混杂在一起，撞击在四面的墙上，发出嗡嗡的回声，浑厚又空旷。

"每一次从矿井底下上来，都像是捡回来一条命。"父亲这样形容那时的感受。虽然井底发生矿难的频率并不高，但煤层里渗出的瓦斯气体，还有放炮时造成的垮塌常常会让他们感觉到莫名的紧张。出了井口，洗上热水澡，洗去的不仅是身上的煤灰，还有紧绷的神经和环境的重压。他们平时酗酒、抽烟、吵架、说下流话，但是当他们走进矿井，深入地下的时候，他们又会团结得像一个人，甚至为了保护工友而付出生命的代价。就是这样一群男人，在阳光下会暴露粗陋的缺点，而在地底下却闪动着人性的光芒。

我曾问父亲："下井怕吗？"父亲笑着说："怕有什么用，不下井，你们吃什么？"

为了生计。个人的生计，孩子的生计，家庭的生计，成就了一个矿工作为男人的责任。本质上讲，矿工们多半还是农民。他们当中有半数以上，像父亲一样是半边户。一边在矿上工作，另一边家里还有好多田。从矿井里出来，就得下地干活。但是他们拥有城镇户口，吃着供应粮。在职业的光环下，很少有人想到他们的艰难和危险，很少有人想到他们在黑暗、潮湿又混浊的坑道里，一镐镐地刨取着光明，保持着蜗行的姿势。

我常常觉得，这些为生计盘旋在危险边缘的矿工们，就像矿山上的杉木树，表面被风化得粗糙、皲裂，但剖开他们的内心，却如煤球燃烧般地滚烫。

独立坟头

整个童年，我都很黑，很瘦。老家有句话，叫"三根筋绊住头"。母亲老是用这句话来形容我光吃饭不长肉的样子。我也常常照照镜子，想找到原因。看到镜子里难民一样的我，久了也就习惯了。现在想来，苦瘦的样子与那个时代是很匹配的。现在生活好了，胖了将近一倍，但黑却一直保持着，还有愈演愈烈的迹象。

又黑又瘦的人从观感上就缺少圆润，很有违和感，所以通常不被看好。小学四年级那年，父亲把我带在身边，在一家江南的小煤矿上学。煤矿子弟学校的老师好像也是矿工，隔三岔五地要下井挖煤。但是，他们通常又是这个煤矿里最有学问的人，或是很有关系的人，不然他们不会被选来做老师，脾气也不会那么大。

学校在一座小山的半山腰，山上是茂密的灌木。灌木丛中有一块巨大的石头，有四张八仙桌那么大。我们不来的时候，石头是四脚蛇与小虫子晒太阳的大床；我们来了，这里就成了砸铜板、甩画片的战场。

小山的下面有一个偌大的水库。那年的春游，就是从教室里冲到水库边，围着水库跑上一圈，感受春天的气息，然后写一篇作文。

那天，同学们像出闸的洪水涌向水库。我也乘着山野的风飘了出去，心情轻得像风筝一样。

就在奔向水库的路上，我一转身，发现走在最后的班主任老师正在一个坟头边上撒尿。就是那一眼，那一瞬间，我感觉他站立的背影比讲台上亲切伟岸多了。要知道，敢在乡间的小路边上撒尿，是男孩特有的权利，这是在向我们同学靠拢啊。

可能是难得见到老师如此亲切的举动吧，我竟然没有控制住自己的嘴巴，喊了起来："快来看啊——快来看啊——"

还没有等我说出看什么，班上十多双目光随着声音齐刷刷地落在了班主任的身上。有几个女同学吓得捂着嘴，转过身就跑开了。

班主任呢，僵在那里好半天，只有旁边大片的油菜花在迎风乱颤，像孩子们压抑不住的心情。

接下来发生的事让我有点始料不及。缓过神来的班主任将我叫了过去，罚我站在他撒尿的那座坟的坟头上。

"站好了，不许动，一步不许离开。我什么时候回来，你什么时候走！"

临离开时，他还不忘突然转身："站直喽，老实点。"

水库的风一阵阵地吹来，带着清新的油菜香和同学们的笑声。我看着班主任渐渐远去的身影，如风筝般放飞的心啪地砸到了地上。不对，是砸到了坟头上。

老师能管住我的腿，但管不了我的嘴。我将带在身上的鸡蛋、炒米一股脑儿拿了出来。既然不让我跑，那我就就地春游，吃饱了再说。对于小学四年级的我来说，只要不上课，干什么都行。就是罚站在坟头上，也比坐在教室里强。

吃饱喝足之后，转过身来，在老师尿尿的地方我也来了一把。实践证明，站得高，才能尿得远，而且还可以迎风招展。

我不知道这坟里躺着的是谁，驻留坟头久了，我才发现，四周一个人都没有，刚才还和煦的春风，现在感觉到有点瘆得慌了。

从晌午的阳光到黄昏的彩霞，我像一个光荣的哨兵矗立在那里，用目光寻找着远处同学们玩耍的快乐，用耳朵捕捉着同学们纯洁的笑声，用想象和同学们一起春游撒欢。不知什么时候，我睡着了。

突然，有谁用油菜秆子捅了我一下。我一下子醒了过来，挺直腰杆，让自己站立得更加坚挺，更加笔直，抬起绝不屈服的头颅，像接受检阅的仪仗兵一样，在夕阳的金色中留下倔强的骄傲。

班主任缩回了他的油菜秆，从我的身边走过，没有说一句话。看着他，我有种居高临下的感觉。我眼送他慢慢地远去，就是不从坟头上下来。

多少年后，每每读到"会当凌绝顶，一览众山小"或是"独立寒秋"之类的诗句，我总会想起那年的春游，想起坟头上那个煤矿工人家的小子，又黑，又瘦，还犟。

那是一个急速发展的时代，绿军装与红皮鞋只是开启了我认识物质世界的一扇窗，更加新奇的事物在后来的日子里便接踵而至地出现在了生活中，也开始悄然影响着村里人的精神世界。

第五章 丘陵的风，拂过村子

老井，安安静静
搬麻将
"别跟我老卵"
达虎
小贵子的代销店
怪老太
队长家的柿子
庆儿队长
事关香火
新年一骂
寻狼
认识从物质开始
"梅超风到了"
老坟山

老井，安安静静

一个村子，不能没有水。

小河离村子较远，池塘显得杂芜，而井，则显得安静。水，从地心里渗出来，再挑到每家每户的水缸，流过人的心头。家里有口井，往往就能近水楼台先得月，顺带得个好人缘。

村子最南头的人家有一口老水井。井的年岁很大，大过村里任何一位老人。井圈的沿口被岁月磨砺得锃亮锃亮的，井绳拉出的印痕深得可以放进两三根手指，在阳光下闪着油亮亮的光。

井就在人家门前，没有篱笆，也没有围墙，半个村子的人都来这里打水。一大清早，村里的男人们来井边挑水，把家里的水缸装得满满的。寻常日子里，是井口提桶打水的声音唤来了村子的黎明。日上三竿，就到了井边最热闹的时候。一群淘米、拣菜、洗衣服的婆婆媳妇围到了井边，捶衣声、倒水声、笑骂声、逗趣声混成一片。张家孩子考取学校了，李家从外地讨了个媳妇，东家老太太又与儿媳妇吵架了，西家买的化肥便宜了好几块钱……村里消息在这里集散，事不分大小，人不分老幼，有鼻子有眼，绘声绘色，连细节都被描述得那么逼真，仿佛她们亲眼所见似的。井边的婆婆媳妇们手不闲着，嘴更不会闲着。头天晚上发生的事情，第二天一准会在这里集中，然后像井水一样传至村里的角角落落。

时间长了，村里人都不称这家人的名字，直接用"井上"来代替。现在想想，倒有点像日本人的称呼。井上这家有两个女儿，出脱得漂亮整齐。虽然书只读到高中就回来了，但借着这口井得来的好人缘，提亲的人络绎不断。但是，这家的姑娘们有自己的主见。每天一大早，村里挑水的小伙子就在她们的眼前晃来晃去，像是接受着检阅。一来二去，悄悄地就对上眼了。也对，能够早起挑水的男孩子总也懒不到哪里去。勤快是庄稼人的法宝，井上的两个姑娘这样挑选自己的男朋友自然有几分道理。

果然，两个女儿都没有出村子，就嫁在了离井直径不出五百米的人家。

井成了他们的媒人。

后来，村里有了自来水，挑水的人越来越少了，但人们还是喜欢聚在井口洗洗涮涮。只是井口的聚聚散散日益少了，偶尔还能听到水桶撞击井沿的声音，偶尔还能看到井边洗涮的影子。但每次相聚却依旧保持着往日的热情，只要聚到井边，就有说不完的话，聊不尽的天，像经历的每个日子一样，有了井，生活就多了滋味。

再后来，村里的青壮年多外出了，到井边洗涮的人也越来越少。渐渐地，井栏的石头缝里长出了蒿草，一如老人零乱的花发，安静了，沉寂了，落寞了。

井就像村里留守的老人，属于他们的辉煌渐渐地逝去了。蹒跚的脚步一如村子里的日出而作，日落而歇，已经跟不上时代的脚步。老井，老人般守着时代留给他的孤独，一如既往地安静，安静中多了份孤独。

侯德剑 画

逢年过节，年轻的高跟鞋从他身边走过，高傲的小汽车从他身边驰过，调皮的孩子从他身边跳过，井水安安静静，没有一丝的波澜。他沉默着，将息着，没有责备后代对他的忽略。偶有来到井边打水的，他依旧贡献着澄澄净净的甘甜。

老井，静得宽容啊！

四时农桑的忙碌，生老病死的震颤，熙熙攘攘的过往，络绎不绝的繁荣，时光不再的孤寂，村子里的一切都沉淀在这寂静的井水里。风和日丽，暴风骤雨，天光云影，嬉笑苛责，老井都曾一一经历过，恰如老人曾经的生活，曾经的自豪，曾经的风光。

老井，静得丰富啊！

井与村里的老人都老了，低垂的背弯和敦厚的井圈一同静静地守在村子里，守着安安静静的日子，守着对外出儿孙的企盼，守着一份念想，守着村子的根。

我常常会想起，某年的夏天，用桶将西瓜、甜瓜吊在井里冰镇；或是，用井水把门前的水泥地浇上一遍……

有井的夏天，才叫痛快。

搬 麻 将

麻将需要搬吗？

是的！

老家的房子紧贴着马路，山墙离路面只有一米之遥。当初建房子的时候，村长背着双手踱着方步赶到我家，扯着嗓子冲着父亲嚷嚷："往西让点吧，往西让点吧，你家房子快建到马路上啦。"父亲这才往边上挪了一米。

乡下的道路是信息的河流，人来人往是流动的字符。只要在路边守着，新鲜事就会像鱼儿一样自己游进你的网里。记忆中，村子里每天都有新鲜的事儿发生，而且在婆婆媳妇们中间传播的速度绝不亚于今天的互联网。关键是，在传播的过程中，还在不断变具体，变生动，变得更加入耳、抓心。从这个角度来讲，村里的妇女人人都可以做娱乐记者。

这天，村南头卖卤菜的老唐用脑袋顶着一张八仙桌，慢悠悠地从我家门前经过。父亲扬起嗓子就问："老唐，上街修桌子啊？"

老唐比桌子高不了几公分，虽然用脑袋顶着桌肚子，桌腿却没能离开地面多少，看上去有点像桌子自己在跑。听到有人问话，他趁机歇歇，从桌子底下不紧不慢地钻了出来。他丝毫没觉得尴尬，也不避讳。父亲递给他一根烟，顺便也给自己点上了一根："屌毛灰啊，修个屁桌子，昨天被派出所抓了。"。

父亲其实知道，但凡在马路上顶着桌子走的，那一定是被乡派出所抓赌了。农闲时，麻将是村里人最好的消遣，好多人也因此喜欢上了赌两把。尤其是男人，忙完了农活，生活单调得只剩下了生孩子和打麻将。这两件事本身又不矛盾，所以都经营得有滋有味。那时候，村里的日子确实也少了些娱乐，既然没累死在田里，那就闲死在桌上吧。

乡派出所里只有三五个警察，其中两个还是领导。警察是哪个村子的，是谁家的亲戚，娶了谁家的女儿，村里人都知道。来来往往其实都是熟人，所以无所谓怕与不怕。因为警察少，几个月也来不了村里一趟，所以村里赌点钱就显得公开又自然。农闲的时候，走到谁家门口，远远地就能听到洗牌的哗啦哗啦声。这也恰恰方便了警察，隔着房子几十米就知道谁家有牌局，所以进村几乎没有空手的。老人家三块五块小玩玩的，他们说上两句也就走了。他们要抓的是那些几十上百的老爷们儿。

警察来村里的那个晚上，吓散了一桌子看牌的人。听说有几个直接冲到秧田里，腿陷在泥里，是被警察拉上来的。因为是在自己家里，所以老唐没地方可跑，被抓了个人赃俱获。警察记下了赌钱人的姓名，将桌上的钱一收，点了数，对参赌人员不做笔录，不按手印，转身就走了。执法的过程干净利落，没有一点点的暴力与冲突，就像一次美丽的邂逅。警察给他们留了半天时间给家里交代交代，然后自己主动到派出所去报到。

那时候，大家都讲诚信，说出口的话就是钉在板上的钉子，食言了是会被人指脊梁骨的。说好的自己去派出所报到，就必须自己去，也没人会逃跑或躲起来。如果食了言，要比参赌被抓更抬不起头来。当时，有一个不成文的土规定，谁家设了赌局，必须把赌钱的桌子扛到乡派出所去。这一路上，老唐顶着桌子像是在游街示众。老唐走在路上，好像是开展了好几里路的警示教育，躲在桌子底下，他似乎都能听到路人笑话的声音。

三天后，老唐回来了。

晚饭过后，我又在路上见到了他，看上去精神头还挺不错，像刚从城里回来，还显得有些风光。只要能搭上话的，他都递上一根烟，不待村里人问他，逢人就说："乡里的伙食好啊，一天三餐吃得跟警察一样。白天活儿不累，只是修修剪剪大院里的花花草草。"至于晚上，老唐绝口不提。

在乡粮站工作的叔叔人脉很广，知道的事情也多。他悄悄告诉父亲，派出所里有一间麻将房，里面的麻将是用水泥块砌的，每块有两块红砖那么厚。那些赌钱被抓的，白天帮忙在大院里收拾花草，晚上就必须打这个麻将。四个人一组，从晚上打到天亮。洗牌、码牌、抓牌、出牌，严格遵照麻将的打法，把把都在搬砖，把把还得洗牌、码牌。如果谁没有轻拿轻放，弄坏了这种特制的牌，还得加重处罚。一夜下来，这几个人等于卸了好几车的砖……

老唐好面子，像绝大多数的男人一样，驴子拉屎必须外面光鲜，腰再酸背再痛都得回家再说，对与错从来不轻易地放在嘴上。在外面，必须得体体面面，风风光光。

至于夜里是不是要搬麻将，也有好事者问过，老唐从来没有承认过。

这，倒成了村里人盼望解开的一个悬案。

"别跟我老卵"

"别跟我老卵",这是奶奶家邻居福财的一句口头禅。

福财是家里的独苗,比我大七八岁。因为他父亲去世得早,他与母亲艰难地过活,所以显得比同龄人更加坚强和倔强,甚至还有些蛮横。保护好自己最好的办法就是呈现出凶恶,好让他人畏惧,不敢侵犯,所以在他的嘴里经常挂着一句话——"别跟我老卵"。这"老卵"并不是指男人身上的某个器官,而是当地乡下一句警告性的语言,有点像东北人说的"你瞅啥?"通常这句话出来之后,对方如果再不收敛,就要开打了。福财目光如炬,说出这句话的同时,会用眼睛恶狠狠地盯着对方,像狗龇牙一般地给对方以警告,让对方紧张。我从小就怕他,怕他狠狠的眼神,和狗龇牙一般的神情。

在很长一段时间里,福财没有给家里带来福,更没带来财,村里人背地里都骂他小阎王。

不光是我,村里年龄相仿的人都有点怕他,长辈们看他孤儿寡母的,也都让着他。久而久之,福财在村人眼里不再是个孩子,而是一个顶门立户的男人了。福财年纪不大就挑起了整个家的重担,初中没有毕业就回家务了农。在村子里偷鸡摸狗的事没少干,帮忙添柴的事也干了不少,苦活累活更是家常。生产队里凡有壮劳力要做的事,都会有他一份。下河挑泥,上山砸石头,样样都做,为的是给家里挣得工分。过度的劳力让他显得比同龄人老气和成熟,也让他沾染上了许多成年男人才有的习气,比如抽烟、喝酒、打架,还经常暴粗口——"别跟我老卵!"

不知从哪一天开始,福财身体内成熟的力量开始抬头,有一股无处安放的冲动在他的体内淤积和徘徊,时时想蓬勃而出。这使得他的眼神都发生了变化,原先村里霸道又凶悍的婆婆媳妇突然间在他眼里多了几分妩媚,多了几分可人,还常常在他的梦里逗留。当有姑娘从他身边走过的时候,福财总会控制不住地多看上几眼,眼睛里渐渐地伸出了钩子。福财突然开窍了。

福财的母亲抽烟,经常一个人坐在小板凳上,倚着门框对着门外发呆。家里人丁单薄,孤儿寡母的家境,啥时候才能娶个媳妇啊?村里家境比他们好的,大多还打着光棍。有的还是从外地买来的媳妇,整天要像防贼一样地看着。老人家怕外人看不起,连请媒人说媒的勇气都没有。

福财头脑活络,揣摩着村子离镇上有两里多远,买油打醋,针头线脑总也不太方便,就在家里的堂屋里开了个小卖店。为了防止客人顺手牵羊,他把柜台砌得老高,我站着只能把下巴搁在柜台上。平时想买个东西,得蹿一下才能伏上柜台,用力地探着身子才能看到里面的货物。

夏天的正午,烈火炙烤,我冲到福财的小店想买根冰棒。喊了两声,竟然没人应声。我一个猴蹿,伏上了柜台,还是没有看到人。再探身子往里深瞧,福财全身赤裸,不避暑热,趴在竹板床上，白花花的光腚正在欢实地做着运动。再一定睛，不对，他的身子下面好像还有一个人。准确地讲，是个姑娘，我认识的，村后人家的那个姑娘。

福财大概是没想到大中午还会有人来买东西，抑或是他太过专注，没有听到我的叫门声，或者是他压根没想到我会把头探进来。福财的头与屁股一下子僵在那儿了。只几秒钟，他的脸一侧，冲着我龇牙："下去，快下去。"这两嗓子远远地超过屋外知了的叫声，来得突然、迅猛、暴力，我吓得差点从柜台上跌下来。

那天，我破天荒从福财那里吃到了一根免费的冰棒。福财把我送出小卖部的门，顺势用手掐住了我后脖颈："别跟我老卯，瞎讲我就打死你。"然后就用眼神死死地盯着我离开。我感觉到后背有一丝丝的发凉。

等吃完了冰棒，回到家里，我才从惊吓中缓过神来。我意识到，我闯祸了，我影响到福财耕耘了。听说看到了不该看的事，会长偷针眼，这福财的幸福咋就转眼成了我的祸事了呢？我忧心忡忡。

几个月后，当我从师范学校回来度假，听说福财结婚了，新娘就是村里的那个姑娘。姑娘初三辍学了，直接被福财骗回了家，干脆履行起了一个儿媳妇的责任，帮着忙里忙外。家长怎么阻拦也没有用，再说谁也阻拦不了姑娘肚子在一天天变大呀。

姑娘父母终于还是答应了这门亲事。听说在正式同意之前，姑娘的哥哥找到了福财，动之以情，晓之以理，威之以吓，意思是警告福财今后要对他妹妹好点，不然扯掉他的卵蛋。这是第一次有人用福财的口头禅警告他。为了爱情，福财也有服软的时候。

像村里其他男人的爱情一样，福财的爱情来得直接又有力量，带着原始的野性与冲动。他对爱的表达通常是行动多于语言。就如同《红高粱》里直接扛着奶奶走进高粱地里的爷爷,如同《阿Q正传》里直接抱住吴妈想要睡觉的阿Q。最直接的行动表达最直接的爱意,福财属于行动派,他的身体走在了爱情的前面。

  原始又朴素的情感,并不代表不幸福。后来,福财和姑娘生活还算顺当,家里不光开了小店,还增加了棋牌室,关键是姑娘给福财生了一个儿子,让原本对生活没了热情的母亲一下子看到了未来与希望,身体也变得好了许多,抽烟也不再咳咳叽叽的了。

  我大学毕业参加工作那年,他们的孩子都会走路了。加上老婆管得凶,福财结婚后退去了好多的匪气,原先村里人对这个小阎王的责备现在倒成了羡慕。母亲说,福财是村子里同辈中最早生儿子的人,这让许多想做奶奶的人心生妒忌。把生米抢煮成熟饭,福财又得了个头彩,福财卵子硬气呢。

  福财的母亲依然抽烟,依然坐着小板凳,依然倚在门框上。不过,眉头舒展了许多,脸上的皱纹折成了坎,笑盈盈地看着孙子。手里的烟飘成了一朵花。

达 虎

村子里有两朵奇葩,是亲兄弟俩。

大的村里人送绰号"天不亮"。顾名思义,他不睡到日上三竿是不会起床的。到了人家在田里已经忙了半天,午间的炊烟升起的时候,他才懒洋洋地拖着锄头出门。从田里刨活计的村里人,通常对懒人是不怎么待见的,人前人后都直呼其绰号"天不亮"。他也很乐意地接受这样的美称,依旧我行我素,成了村里最晚出工的人。"天不亮"地里的活不勤快,生活的事却没有荒废,接连生了两个儿子,年龄和我们差不多大小。

"天不亮"有个弟弟,叫达虎。名字里虽然有虎,却并不虎虎生风,倒是个地道的伪娘。那时候没有"伪娘"这个词,村里人都叫他"奶奶精"。

记得那时候"奶奶精"已经三十出头了,这个年龄的乡下男人大都已经是几个孩子的父亲了,但达虎却一直没有老婆,成了村里最年轻的老光棍。

说来也奇怪,村里人能够忍得了一个男人是"奶奶精",却容不下一个男人是懒汉。所以村里的男女老少很少有人与哥哥"天不亮"交朋友，但弟弟达虎人缘却极好，尤其招村里的媳妇们追捧。

达虎有一手打毛线的好手艺，好得全村没有一个媳妇能超过他。打毛衣、织围巾、钩袜子样样精通，特别是毛衣最为流行的花样，什么元宝针、宝塔针之类的，他总是掌握得与时俱进。达虎的手艺让村里的媳妇们眼热，甚至感到自卑。

到了农闲时节，达虎就特别地受欢迎。村里的媳妇们会三五成群地围着他，请他起个针，打个样，收个边什么的。有时干脆请他手把手地教，全然忘了他是个男人。村里的男人们也不吃醋，他们从来就没有把达虎的性别放到过自己的行列里。达虎的手与乡下男人的手并无二致，也是布满了农田活计留下的老茧，但神奇的是，就是那双粗手，竟能弯成兰花指，在娘们儿堆里上下翻飞，灵巧得像织女下凡。

村里的媒婆当中也有好事者，为他张罗了好几户人家的女儿，但只要一接触，对方就恍惚了，一时竟分不清雌雄来，所以这婚事也就耽搁了下来。再后来，达虎会打毛线的事传得邻近几个村子都知道了，而且越传越神，越传越鲜亮，吓得姑娘们头摇得像要掉下来。在乡下人的心里，只有娘们儿才打毛线纳鞋底子，男人沾上了这东西，就相当于被阉割了。村里人调侃他："达虎，给你找个男人吧！"他腰肢一扭，兰花指一扬："呸，你才娘们儿呢！"

达虎很惬意这样的日子，与村里的媳妇们一起纳个鞋底，剪个鞋样，打打毛衣，说说笑笑。男人们会撩他，女人们宠他，这样的日子不是什么人都能拥有的，倒也舒坦。

达虎的娘出殡前的那个晚上，村里好多人早早地吃好晚饭就围去看热闹。不为别的，为了看他给娘磕头。村里有一个习俗，长辈走了，临出殡的那个晚上，晚辈们要挨个地磕头。这种磕头很有讲究，很有仪式感，不是一跪一拜就了事了的。而是要和着二胡与唢呐的节奏，一个动作一个动作地摆样子，一个头起起跪跪要磕七七四十九下。听说有人一个头能磕两个多小时。

达虎那天晚上出尽了风头，那眼神与动作可以画下来挂进村里的祠堂。后面观摩的人群中有媳妇不自觉地学起了他的样子。旁边有人调侃道："认真学，你家那个老桩头死了用得着。"对方脸一板，骂道："你要死啊！你家的才是老桩头。"人群一阵骚动，随即又陷入了专注。恍惚中，大家围观的不是灵堂，倒像课堂。

或许我们的认识远没有通透自然的法则，性别的呈现本不该是唯一的式样，生命的意义也远不止一种形态，它不会因为你的好恶而改变。达虎阳光地走在村子里，腰一扭一扭的，屁股甩得特别地招人，把男人们怪异的目光统统甩到了一边。

冬日的午后，阳光温暖得正好做针线活，达虎毛衣讲习班又要开始了。远远地，他尖厉的声音穿破村子飘了过来。父亲端起茶杯，冲着正在厨房里收拾的母亲喊："快去吧，妖怪在叫呢！"

小贵子的代销店

在很长一段时间里,村子里只有一个供销社的代销店。什么叫代销店,在那段时间里我并不理解。

说是代销店,其实就是人家的堂屋。普通老宅的门头上刷个白条条,上面写着"达巷村代销店"几个大红字,很工整,很端庄,很显眼。堂屋里砌了个柜台。柜台很高,柜面的木板沿被蹭得锃亮锃亮的。板面上积着厚厚的一层腻子。后来听说,那叫包浆。

我喜欢跳起来用手一撑,把脑袋探进去东张西望。柜台里面的地上放着一排酱油缸,散发着浓郁的酱香。酱香中还夹杂着其他的味道,麻花、桃酥、砂糖……好闻,又解馋。

看店的是一个老头,六十多岁。从我懂事起,无论大人小孩都直呼其名——小贵子。"小贵子"是村里人给他起的绰号,意思是说,他卖的东西贵,小气,还从不肯赊账。村里人的智慧往往表现在对一个人的称呼上,表扬也好,贬损也好,全都含在这称呼里了。他也坦然,乐哉地笑纳了。在计划经济的年代里,一个村子只有一个代销店,是街上供销社驻村的一个点。可别小看了这个点,在物资匮乏的年代里,它既是权力的象征,又是富裕的标志。

冬日里，没人来买东西的时候，小贵子就躺在门前的藤椅上晒着太阳，嘴巴张得老大，冲着天空打着呼噜。有人来了，他也不急，从梦中缓缓地醒来，还是愣上几秒钟的神，这才慢悠悠地起了身，翻开柜台边上的盖板走进去，半天才问一句："买什么？"

记得那个时候到代销店里买东西可以不用钱。一个鸡蛋能换半斤酱油，两个鸡蛋能换一斤盐，还带两盒火柴。小贵子的柜台下有好几个大小不同的竹筒，半斤的，一斤的。打酱油一竹筒一竹筒的，非常好算。他打酱油的动作能把人激出火来，打上一筒，对着套在瓶子上的漏斗，瞄来瞄去，半天不往下倒。大人来了，打半斤就是一竹筒。如果孩子来了，他往往会再舀一点，好不让村里人说他欺侮小孩。在村里卖东西，短斤缺两是常有的事。为了一二两小秤追上门来讨说法的，也是司空见惯。但小贵子的店从来没有发生过。

那时村里隔三岔五地停电，我就有机会经常到小贵子那里买蜡烛。经过一个夏天的高温，小贵子拿出的蜡烛没几根是直的，歪歪斜斜，有的还被压成了扁蜡烛。每当这个时候，我就会挑直的，模样好看的。这下小贵子不乐意了："不要挑了，好点就行了。不要挑。"

见我不理他，嗓子突然高了起来："挑什么挑？你个小鸡巴弯的不一样撒嘘啊。"说完就从中抽出两根，往我面前一推，将其余的收进了柜子。他的手从柜台底下抬上来的时候，像变戏法一样多出一颗糖来，柜板上一拍："好了，走吧。"我心领神会，带着糖就往回跑，身后留下小贵子的感叹："小巴戏，烦嫌。"

一次我拿了两个鸡蛋去店里换盐，正好遇到村里的懒汉洪子在讨价还价。他用一个鸡蛋打半斤酱油，还要讨几根香烟。那是我第一次知道，香烟是可以拆开来卖的。小贵子死活只给了他三根"勇士"，连火柴都没多一盒，嘴上还骂骂咧咧的："把嬷嬷（老婆）卖了算了，能换好几条'大前门'呢。"

出了小店，我跟在洪子的后面，故意唱起了全村孩子都会的那首歌："梭拉梭拉，哆拉哆，洪子的嬷嬷是懒货，走起路来扭秧歌，一扭扭得个两半个。"洪子嘴里叼着烟，沉浸在吮吸的快乐中，根本没把我的歌当回事。手上的半瓶酱油跟着他的手臂甩来甩去。

大人有时还真的很无趣。他越不理我，我唱得越凶，手里的盐袋也随着歌声一甩一甩的。

啊——飞出去了……

好在那个时候都是粗粒的大盐，我一粒粒地往回捡，好歹还捡回来几粒，只不过，歌声戛然而止了……

抬头间，洪子正冲着我露出诡异的笑容。香烟屁股短得就要烫着嘴了。

怪 老 太

村子同姓的本家里，有位八十多岁的老爷爷，十分神奇，因为他会收"榨菜"。不是吃的榨菜，学名应叫腮腺炎。

村里孩子吃穿不干不净，没有大病，但隔三岔五的小毛病也不少。谁家孩子害了"榨菜"，一般不去街上的医院，也不用去赤脚医生那里吃药打针，而是送到老爷爷家里，让他念念画画也就好了。老爷爷的方法很简单，用墨汁在腮帮子上画一个黑黑的圆，凉凉的，痒痒的，边画嘴里还念念有词。念的是啥，老爷爷说是仙方，从不外传。经他这画画念念之后，不出一周，这毛病也就好了。关键是收好了"榨菜"，不收一分钱，只要几句感谢的客气话就够了。

老爷爷家的老太不是本地人，操着一口怪怪的外地口音。每天早上，家家将鸡从窝里放出来喂食的时候，都是"咕咕……咕咕"地召唤着，只有她，大声地操着外地口音在那喊着："小鸡哎，来吃米噢……小鸡哎，来吃米噢……"无论大鸡还是小鸡，听着她的话，跑得飞快。

村里人说，老太是老爷爷在外地讨生活的时候带回来的，没人知道她是哪里人,也不知道她叫什么。对这个说话口音南腔北调的怪老太,孩子们也就少了对长辈该有的尊重,有时还会闹些恶作剧。

村子中间有一块不规则的土场,是全村公用的一块空地。一年四季,用来晒谷堆雪,闲坐聊天。每到春天,四周几株高大的槐树挂满了槐花,一嘟噜一嘟噜的,散发着甜甜的嫩香。村里人叫它"花蜜场",也是村子里最有历史、最能容纳人的地方。花蜜场聚拢着村里人的心,演绎着四季不变的温暖与意想不到的故事。

夏天的晚上,村里放露天电影,数百号人密密匝匝地坐着。突然,一个孩子在怪老太旁边大喊:"有蛇啊——"噌的一下就跑开了。怪老太平时最怕蛇了,当场吓得着了魔,跑也不会跑了,话也说不出来了,就差不认识人了。子女连夜将她送进了乡卫生院。为了这事,他的儿子还专门找到我家,向我了解情况——估计我也成了怀疑的对象。可能是我的襟怀坦荡打消了他们的怀疑,但父亲的表情与目光让我感觉到,这祸闯得有点大了。

怪老太虽然是外地人,但她从来都没把自己当外人看。只要有大人带着孩子来求老爷爷收"榨菜",她都表现得特别热情,又递凳子,又端茶的。村里有晚辈从外地回来看她,她就会问这问那,那担心的样子像是孩子们在外地受了多少难似的,一脸的同情与不舍。在她的心里,这世界上最好的地方就是我们村子,去别的地方都是遭罪去了。怪老太的世界里只有老爷爷和我们村子是最安心的地方。

老爷爷话不多,爱打麻将,走的那天特别突然——只是从麻将桌的凳子上滑了下来,人就没了。怪老太没有像年轻夫妻那样哭得死去活来,只是一直躺在床上,听着形形色色的人来劝她,暗暗地抹着泪，像是哭不动了的样子。对于老爷爷的死，村里人有种说法，充满了玄机。说人活得长不算什么，死得快才是福分。自己不遭罪，子女不受害。老爷爷这样轻松突然的离世，积福之人才会有此造化。

几天后，怪老太把自己收拾得整整齐齐的，躺在床上无声无息地也走了。离老爷爷去世的时间还不足七天。

老爷爷的头七成了怪老太出殡的日子。村里人赶来，有的帮忙，有的看望，还有的瞧热闹。大家都在暗地里议论着这件事的蹊跷。怪老太与老爷爷这样并肩携手离开这个世界的事并不多见，也让村里人感受到了什么叫"白头到老"。有人说，将来自己老了，如果也能像他们一样老两口一起走，那这辈子也算值了。旁边的人立即用手打了说话的人。"呸，呸，呸！"他意识到了不吉利，相视一笑，不再言语了。

村里的人头，就像这地里的韭菜，割一茬又长一茬，人丁更迭不断，能被后人记起并怀想的不多。老爷爷走后，村子再没人会收"榨菜"了。村里人闲聊的时候，常常会说起他老两口。

队长家的柿子

队长家门前长了棵树。小树,矮矮的,只比我高一头。细细的树干,寡寡的几十片叶子,却长了个小拳头大小的果子。

我惦记着这个果子已经好久了,从小枣儿大小开始。

我敢肯定它不是苹果,也不是梨子。比苹果圆,比梨子短,从光滑的外皮可以断定,这是我从来没有尝过的。它几乎与叶子一个颜色,不定神仔细找,很难发现。这也是它能够一直挂在上面,没有被人偷摘的原因之一。每看它一次,我就分析一次,担心一次,琢磨一次。

那年头,乡下孩子的食物谱系中不仅缺鱼缺肉,更缺水果。只有过年的时候,父亲单位才会发一箱苹果。母亲把苹果锁在衣柜里,直到大年三十才给我和弟弟一人一个。我好喜欢打开衣柜时的味道,一股甜香扑面而来,鼻子都来不及吸。这种气味可以在柜子里驻留好几个月。

可能队长也喜欢这个果子,他用一根芦竹将小树撑起来,那枚果子就赤裸裸地暴露在了路人的眼里,更显得骄傲了。只要有空,我就会故意经过队长家门口,匆匆地跑过,怕被人家看穿我的意图。但我的余光一眼就能找到它。如果目光可以刮下它的肉，估计那果子早被我瞄成核了。

我相信，村里没有人知道我惦记着这个果子，除了队长家的那条黄狗。每次我经过，它的眼神一刻也不离开我。虽然不叫唤，但隔着十多米远，我都能听见它嘴里发出的警告声，低沉得让我心虚。我有自知之明，我咬不过它。

一天后半夜，被尿憋醒了，打开家门对着土场就是一顿酣畅。突然，那枚果子又闯进了我的脑海。选日子，不如撞日子。再加上夜色正浓，黄狗也在酣睡，没想到得来这般轻松。那么漫长的观察与准备一下子显得有些多余。期待已久的幸福，当突然到来的时候，成就感、激动、害怕交织在一起，睡意在那一刻早已跑到九霄云外了。

躲进被窝，用手蹭上几蹭，放口就是一咬，再咬，然后就是急急地嚼上几口……

只几秒钟吧，麻了，从嘴唇到牙齿，再到喉咙，全麻了。而且越来越麻，我快找不到嘴唇了。用手掐，也不痛了，再摸，嘴还在，但好像丢了。

再掐，再捏，依旧麻得找不到嘴巴。刚才的兴奋瞬间转为恐惧，又不想让父母知道，便悄悄摸到水缸边，用瓢舀点水洗洗。经水一泡，麻痹感陡增，我的整个嘴巴全然失去知觉了。

那个晚上，我躲在被窝里不敢睡着，蜷缩在被窝里不敢乱动，怕自己就这样悄无声息地死掉。

早上起来，细心的母亲发现了异常，我只好交出了被咬了一半的果子。

母亲接过一瞅，随手扔出了好远，我分明看出她想笑，又忍住了，憋得很辛苦的样子。

母亲说，这是柿子，要熟了以后，还要放在麦缸里焐上几天才能吃，不然涩死了，连天上的鸟都不敢沾……我只见过柿饼，谁能猜到，柿子年轻的时候是这种样子。

知道自己没事了是件突然间好幸福的事情，尽管隐隐地有些丢人。

自那以后，我很长时间不敢经过队长家门口。队长家好像也没追问那个柿子去哪儿了，这事就成了我心里的一段秘密。

但是，令人不解的是，后来的好多年，那棵柿子树再也没有结过果子。而队长家的黄狗看我的眼神好像比以前更凶了。

时间已经过去三十多年，我一直敬畏柿子，生的，熟的，包括柿饼。

庆儿队长

生产队长叫国庆,他的弟弟叫援朝。这是两个非常普通的名字。多少年后我才明白,这类名字铭刻着一个时代的记忆。

国庆早先在部队当过兵。复员后,正巧碰上村里选生产小队长。大家一合计,当过兵的人政治觉悟一定比土生土长的村里人强,于是他很快就成了我们这十多户的小队长。

虽然是队长了,但是村里人依然喜欢照着他母亲的称呼来叫他——"庆儿",显得亲切,像一家人。

庆儿做队长很忙。谁家儿媳妇与公公婆婆闹翻了,谁家稻田放水半道被人劫了,谁家养的鸡被人用药麻了,谁家青菜被羊偷吃了……但凡需要伸张正义的地方,队里人都要找庆儿说上几句。庆儿虽然经历过部队的锻炼,但表达能力并不像政治觉悟那么高。对于村里那些鸡毛蒜皮事,他也只能是两头劝上几句,让对方把邪火发了也就算了,通常解决不了实质性问题。但这丝毫不影响他的重要性,队里人遇到事情,常挂在嘴边上的一句话就是:"去,找庆儿去。"

记得我家建瓦房时,庆儿队长背着双手,晃晃悠悠地来到门前。他本来话就不多，还有些木讷，所以一说起话来，开头两个字总是重复。"乡里，乡里说不好建的。你们，你们下来！"他歪着的脑袋显得有些牛气，冲着正在砌墙的瓦匠与骑在梁上的木匠喊了两嗓子。那个时候的人都实在，顺着他的示意，瓦匠将瓦刀交给了他，木匠将锯子也递给了他。他往怀里一夹，就回家去了。这架势是告诉我家，这房子不能建了，队里不同意。

当天晚上，父亲请来了叔叔伯伯们围了一桌，当然都是来陪庆儿队长的。那天他穿着复员时的绿军装，这是他的官服，只是洗得有些发褐色了。饭桌上大家轮番敬他，都不谈正事，直到把他灌得坐在板凳上都摇个不停。离席的时候，我凑上桌去，想看看还有没有可以捡的鱼肉什么的，我看到庆儿的口水像一根长线挂到了胸前的纽扣上，细细的，随着人在摇动，却没有断。

我们家的房子照常在建，乡里要求庆儿阻止的时候，他也照常会来，木匠、瓦匠的东西也照常会收。但转眼就又被父亲领回来了。上灶的那天，庆儿队长也来了，喝到高兴处，拍着自己的胸脯自夸："你家的房子，没有我，建得起来吗？都是一个村的，乡里懂个屁。我说能建，就能建。"说到高兴处，他夹起一块炖得将融化的大肥肉一下子塞进了嘴里，那肥糯的肉汁黏黏地粘住了他的嘴。再抿上一口酒，咂咂嘴，脸上露出幸福的表情。那天庆儿队长和满桌子的人都很高兴。当然最高兴的是我父亲。

队长虽然官不大，却极为重要。农村祖祖辈辈传下的习惯，地方不分大小，得有人做主。庆儿队长在村里，至少在我们小队里，他就是为我们做主的人。所以他显得特别地忙。忙着家长里短，也忙着吃吃喝喝。

村里有个习俗，无论谁家婚丧嫁娶，就是过年杀猪宰羊都得请村干部吃饭。能不能把村干部请来事关这家人家在村里的颜面，可不是一件小事。

庆儿是村里最小的干部，也是与老百姓走得最近的官。其实，他也就一个老百姓，他深谙这村里的人情世故。无论谁家请他，他从不缺席。可别小看了这日常的小吃小喝，时间一长，人头稔熟，庆儿连谁家鸡窝里有几只鸡都知道。在村里，他比老娘舅都管用。尤其是婆媳矛盾与妯娌吵架，庆儿一出面，总能解决个八九不离十。客气的时候，媳妇们称他队长；吵红了眼，连庆儿一起骂。但是村里媳妇们没人敢跟他蛮拧，他说的话总还是有人听的。谁要是不把他放在眼里，那他就坐在你家，半天结巴一句，能够从晚上教训到天亮。

那时候，我最烦的事情就是放牛。十一户人家，每十天左右就得轮一回。特别是农忙的时候，四五点钟就得起来，骑在牛背上眼睛都睁不开。这时候的庆儿最凶，他对早上牛有没有吃饱，中午牛有没有泡澡，下午牛有没有歇力，晚上牛有没有喂饱，问东问西，管头管脚。轮到我家的时候，我通常要晚上七八点钟才能回家。牛是饱了，人饿得前胸贴后背。母亲说，牛是庆儿的命，比他儿子都金贵呢。

数年后的冬天，牛病了。队里将牛卖给了牛贩子。贩子将牛绑在村口的洋槐树上，要杀了再拉走。那天牛哭了。我生平第一次见到牛哭，也是第一次见庆儿队长哭得那么凶。一个大老爷们儿像孩子一样无声地流泪，谁劝都没有用。这是后来发生的事。

最近，我又回过几次村子，偶尔也会遇到庆儿。我叫他一声叔，他回一句"回来啦"，然后就不再有话了。

庆儿老了，也早就不再做队长了。听母亲说，他的老婆为了给儿子省药钱，藏着防心梗的药不吃，一天晚上，说着话就走了。老婆走后，庆儿更木讷了，常常一个人发愣，卖呆。我递上一支烟，他点上，不再有话，继续做自己的事。

在我记忆中，他做了半辈子的队长。现在他的同辈人都已成了老人了，年轻人又都不在村里，生产队也有名无实了，但庆儿队长的称谓还在。

七十多岁了，大家还是直呼其名——庆儿。

事关香火

邻居家建新房子。有一天，工头突然不见了。

这玩笑可开大了。吃了早饭，群龙无首，工人们在阴凉处荒着。主家急得像着了魔。

好在工头是本村的。邻居家的男人冲去找他的时候，工头的老婆挺着个大肚子在家歇着呢，说昨晚亲戚家有急事被叫去帮忙了。

村子里没有秘密，没到中午，主家就听说了一个消息。说是工头是被警察带走的，有人在夜里看到乡派出所的那辆吉普车了。消息一出来，主家心就凉了，凉得像一坨粉瘫在了地上。

城里人敬畏权，乡下人看重钱，更看重香火。工头只有小学文化，骨子里有着深厚的传统思想，他一心想再生个儿子。他有一个女儿，最忌讳别人在他面前提儿子。不孝有三，无后为大。这事关乎香火，生不出带把儿的，在村里抬不起头，钱多有个卵用。

不过，钱是这个男人的底气，他不怕超生，不就是罚嘛！有经验的老人已经告诉他，他老婆这次怀孕变丑了，肚子尖尖的，必定是个小子。自从老婆肚子显山露水了，工头就不出村子包活了。一为照顾老婆，二为对付村里那个嗅觉灵敏的妇女主任。工头最大的快乐就是看着老婆那个肚子,他常常安慰自己,不出几个月,他就是有儿子的人了。

工头失踪的第二天,乡里又来了辆吉普车,将他老婆接走了。带队的不是村妇女主任,而是乡卫生院的人。村里人围过来看热闹的不少。工头的钱没有熬到罚款的那天,他那呼之欲出的儿子终于还是没能来到这个世界。

命中注定,他没有儿子。

半个月后,工头悄悄地回来了,就像他当初悄悄走时那样。

邻居家的男人得到消息,急吼吼地请他喝酒,求他将建房子的事加紧点。几杯酒下肚,工头的火就点燃了。他恶狠狠地说,那天回家,看到村妇女主任又在对他老婆叽叽喳喳的。他二话没说,进屋就是一扁担。妇女主任挨了打,逃出了他家。没多会儿,就躺在村头的土岗上,又像哭又像笑,样子十分疯癫。听说,人的腰子被打坏了就是这个样子的。

当天晚上,工头就被带走了,被直接送进了县拘留所。他说,那里正好在建房子。工头的手艺不赖,被安排整整砌了十五天的墙,人被晒得像黑炭,滋滋冒着油花。释放那天,所长找了他,想留他再干几天,说是照常给工钱。他说,在那种地方干活不光彩,像是在劳改。其实,他心里还在盘算着,早点回家看儿子呢。自己被抓了,但只要能保住儿子,吃点苦值得。

那天酒喝得不少,好像把这半个多月的酒都补回来了。工头醉了,醉得像一头受伤的野猪,坐在妇女主任疯癫的土岗上干号。夜色里,没人能够看清他的样子,但瘆人的声音传遍了半个村子。

村里人说,工头算是运气好的,打了村妇女主任,只是拘留了几天。村里还有人家,为了生孩子逃到外地,家门都被封了,连猪都被没收了。也有人说，工头老封建，生男孩有什么用。村里娶了媳妇忘了娘的事多了。儿子只是图了个名声好听而已。关于这些，村里人只当茶余饭后的消遣，抑或是自我教育，是传不到工头耳朵里的。

日子终于还是给有期待的人以回报，听说工头招了个女婿，还生了孙子、孙女，算是了了他的一桩心愿吧。

新年一骂

过年，各地的年俗各有不同，但快乐大致是相似的。老家的年俗与江南的许多地方不一样，多少带点北方的味道。

比如，大年初一这天，村子里的人是不外出的。家家大门敞开着，等待着同族的男人们来串门拜年。这天几乎每家每户都是人来人往，瓜子壳、花生壳满地，但绝不会动扫帚去扫。这叫财不出门。

除夕晚上，母亲怕我们两个调皮鬼新年里惹事，会很认真地打预防针。大致的意思是，初一不能乱讲话，早晨起来要叫人。说是，如果初一说错了话，或被骂被打，那这一年都不吉利。

那时村里的路泥泞得厉害，雨水、雪水加上猪圈里溢出的粪水将村子里的路浸得黏稠无比，见鞋就沾，所以大年初一的早上母亲只给我们穿新衣服，不给穿新鞋。穿脏了出客时就没的换了。穿上旧的套鞋（雨靴），走几步就得刮刮泥，甩甩腿，不然沉得脚都拎不动。

爷爷在村里的同宗兄弟们多，所以我们要拜的长辈也就多。一路上要绕过好多家的猪圈、茅坑。这些地方的味道并没有因为过年而好转些，只是多了些对联与挂笺，看上去喜庆了许多。长辈们好像故意地迟迟不起床，披着棉衣坐在床上。我们得到床边才能像背书似的一口气说完吉利话。长辈们早就准备好了花生、糖果，给我和弟弟一人一把，还捎上几句"好好学习"之类的鼓励。常常有一些堂伯堂叔会故意给我们递过一支烟来，让我们尝尝。我们总是不敢接，因为听说抽了会长胡子。

走不了几家，我们就得回家一趟，好将两只鼓鼓的口袋里的货卸下来，然后再出发。一个上午忙得不亦乐乎，满头大汗，攒下一塑料袋的瓜子糖果。

因为爷爷在村里的辈分很高，所以我的辈分也跟着高了许多。平时看年龄叫人的办法在大年初一这天行不通，必须按辈分来叫。村里好多像父亲那么大年纪的人也得叫我哥哥。邻居三十多岁的小媳妇竟然开口叫我叔叔。早上经过她家门前时，突然来一声"叔叔早啊！"惊得我都不知道怎么回答她，飞也似的跑开了。是啊，大年初一，无论是说话还是表情都带着祝福的味道，送出去的，收回来的，都缀饰着吉利的口吻，也都与平常不太一样。但是这种吉祥坚持不了半天，稍有不慎，就会回到日常生活的轨道上来，该骂的还是骂，该打的照样打。

临近中午的时候，家家渐渐响起了麻将声音。在生活还稍显困窘的日子里，麻将是乡下人很奢侈的乐趣。常常因为凑不齐张数，中间还夹着几张扑克剪成的替代品。大人们一闲，孩子就无聊了。于是我们会去有水泥地的人家门前捡些没有炸过的鞭炮来点。虽然在这样的日子里我们的口袋比平日富裕了不少，但被母亲收缴后所剩也就无几了。越是富有的时候，越要节俭，母亲经常这样教育我们。零花钱是万万不能用来买鞭炮这些东西的。

邻居家门大开着，阳光把堂屋照得透亮，麻将声此起彼伏。我从奶奶压在灶王爷上的一捆炮仗里抽出一根,架在了邻居家对面的树杈上,瞄准麻将桌的底框,点火……

那天的炮仗飞得出奇地直,不偏不倚,正中桌底,而且爆炸得非常成功。一桌子人都吓得跳起来了,都冲出来了,追上来了……

那个早上还亲切地叫我叔叔的小媳妇顺手抄起根棒槌冲着我就上来了。我撒开腿就跑……我感觉,那次可能是我这辈子跑得最快的一次。

她并没有追多远,但是骂声响亮,连珠炮式的骂声里还夹着恐吓。声音追着我跑了半个村子。这小媳妇并没有因为今天是大年初一而压抑她的发挥,我坚信,大年初一,她想弄死我……

生活在城里的孩子是没有机会体会这种有质量的骂声的。农村妇女的骂人,那是民间语文最生动的运用,堪称是语言传承中的活化石。加上方言语调的抑扬配合,声情并茂的表现力,句句渗入心坎,如箭一般根根正中靶心。无论你跑多远,那声音都会追着你的屁股,无比准确地将情绪带给你。如果平时没有经过这种谩骂,初听,是会气出病来的。当然,没有经过这种谩骂的孩子,也就不能称为农村娃了。

这事发生之后,我的心里一直留下了许多的疑问。一是纳闷,那天的"火箭"怎么会飞得那么准?以前只是打哪指哪儿,这次怎么就指哪儿打哪儿了呢?二是村里的媳妇骂人怎么都那么狠?怎么骂得那么入情入理,在脑海中挥之不去呢?还有,就是我这一年的好运啊——母亲的话让我后怕。

大年初一,就这样在惊险中过去了。

寻 狼

村里进狼了。

母亲站在门口,手里握着扁担,面对着茫茫的白雾,像是随时要与人决斗。

邻居家的猪昨晚不见了,圈门上的插闩被挑开了。不像小偷干的,因为猪圈里有乱乱的梅花脚印。

邻居家的男人断定,遭了狼了。

夜晚乘凉的时候,听大人们说过,村后十多里远的高骊山又有狼了,狼喜欢下山找吃的。但我长到十多岁了,从来没有见过狼是什么样子。

邻居的男人们跃跃欲试,拿着铁锹、锄头去打狼了。母亲关上门,让我和弟弟在家待着。母亲说,这大雾的天气,狼说不定就在屋子后面转悠着呢!听得身上的汗毛直竖。

好奇心是个奇怪的东西,像鱼腥吸引着猫一样,我和弟弟悄悄合计着,也想溜出去打狼。邻居的孩子趴在我家窗台上,手里拿着小铲刀,悄悄地问:"一起去吗?去找我们家的猪。"

说是找猪,其实我们更想看到狼。出了家门,四个孩子一头扎进了鱼汤般的浓雾里。但胆小的我们只敢往声音大的地方跑,本能地觉得那里更安全。

"找到了,找到了。"迷雾中有男人在大声地喊。顺着声音,我们跑到了坝头的一片水稻田里。初冬的田里水稻早已割尽,留下一节节的稻茬。由于地没翻,枯黄的稻茬一把把地竖着,像整齐的小木桩。下田的时候,得找地方下脚。

田里有一摊发黑的血迹,在重霜的衬托下十分地显眼。地上有一片明显被打滚压过的地面,旁边梅花脚印和人脚印乱七八糟地混杂在了一起。滚落在五六米外的猪头,闭着眼睛,好像十分地安详。

男人们七嘴八舌地分析着——

"吃得真干净,什么也没落下。"

"肯定不止一只狼,不然一百多斤的猪,怎么吃得下。"

"猪怎么就不叫一下?"

"把猪头、肠子拿回去吧,腌腌还能吃。"

…………

邻居突然发现了我们,嗓门儿一下子大了起来:"快回去,狼一顿能吃你们两个。"随即是一阵哈哈大笑。

我感觉他其实是来找猪的,并不太想打狼。大人们一向雷声大雨点小,说的是打狼,其实找的是猪;而我们说是找猪来了,其实更希望追到狼。这可能就是大人与孩子们的不同吧。

回到家里时,几个村里的媳妇正围着说话。一个说,她大清早起来,听狗叫得正凶,贴着窗子往外一看,一只狼咬着猪耳朵,另一只狼正用尾巴赶呢。另一个说,她娘家也遇到过这样的事,狼会自己拔插闩,会赶猪……一个比一个说得传神,好像狼曾经表演给她们看过似的。

"那你怎么不喊？"母亲责问其中的一位。

"我哪敢哪！"说话的媳妇有些生气。

村里的故事就是这样被媳妇们演绎出来的，传得一个比一个神，她们天生就有做编剧的潜能，农村也从来不缺少她们创作的素材。

村里人和我们这些孩子一样，最终谁也没有见到狼。

但从那以后，村里好多人家的猪圈夜晚都上锁了。那段时间，每经过谁家的猪圈我都会飞快地跑过去，不敢停留，生怕里面会追出一只狼来。

大人们一直用狼来吓唬孩子。其实，真遇到狼了，他们也怕。我经常这样想。

认识从物质开始

八十年代初，村里人的衣着大抵只有两种颜色：解放军的草绿，公安的深蓝。校园里，同学不分男女，师生不分老幼，大多只有这两种沉稳的颜色。谁要是穿得鲜艳点了，不仅别人觉得花哨，自己也会感到别扭。

母亲喜欢到高骊山下的军人服务社给我们兄弟两个买衣服。那里的布料厚，耐磨，经穿。她怕我们坐凳子不安分，就在新裤子屁股的位置上蒙了一块满月形的旧布。通常这块旧布与新裤子的颜色还不搭调，这样一蒙，一条新裤子直接就成旧的了。我们如果嫌补丁难看，犟着不肯穿，母亲便会软硬兼施，一来二去我们最终还是屈服了。毕竟，除了屁股，其他都还是新的。

不光母亲如此，许多同学的母亲也都如出一辙地爱惜裤子。早晨做广播操，当同学们弯下腰，撅起屁股的时候，十有四五，屁股上都贴着一轮满月，又像是一片荷叶，大大小小的，饱满又圆润。这种方法，让最易磨损的部位得到了有效的保护。当裤子渐旧，蒙在外面的补丁渐渐变薄的时候，母亲将它一拆，里面的部分依然光洁如新。新的盛放的"荷叶"，与穿旧的裤子形成了两个世界的反差。那时候的校园里，不用寻找，抬头便能见到流动着的"荷叶"，一扭一摆的，明晃晃的，新旧杂陈的，见多了也就不怪了。

初中那年，父亲从外地回来，带了双大红的猪皮皮鞋，一脚蹬的那种。可能是买大了吧，与我的脚码正合适。父亲说，是专门为我买的。看颜色，我有些不信。但我拥有了人生中的第一双皮鞋。

穿上新皮鞋有种莫名的兴奋与激动，尤其是一步就达到了爷爷所说的"好好读书将来才能穿皮鞋"的境界。当我跷起脚给爷爷看的时候，他摘下老花镜竟愣在了那儿。倒是奶奶善解人意，连连夸赞："不错，不错，爱惜着穿啊，皮鞋贵着呢！"我转身离开的时候，爷爷的老花镜还在手里捏着，没有放下，一脸有话想说的样子。

当红皮鞋出现在校园的时候，同学们像看西洋景一样围拢了过来，又哄笑着跑开了。大红的颜色与我身上的军装绿配合得前所未有地滑稽又尴尬，仿佛我成了校园里的红脚怪物。那天，我坐在教室的位置上久久不愿起身，觉得时间老长老长，只上了一趟厕所。

校园里不能再穿了，母亲怕我浪费，便逼着我在家里穿。没几天，我便发现了猪皮的奇妙。一出脚汗，40码的鞋就撑成了42码，走路时跟直掉。到太阳底下晒晒，42码又缩成了38码，紧得脚都塞不进。就在这一伸一缩之间，鞋头翘得像蝎子的尾巴，我成了村里的卓别林。

那是一个急速发展的时代，绿军装与红皮鞋只是开启了我认识物质世界的一扇窗，更加新奇的事物在后来的日子里便接踵而至地出现在了生活中，也开始悄然影响着村里人的精神世界。

"梅超风到了"

经过几天兴奋的期待,父亲终于搬回来一台14吋的熊猫电视。虽然是黑白的,但已经成为周围邻居稀罕的物件了。谁家有了电视,就会像村委会的办公室,人来人往,络绎不断。村里几个最早买了电视的人家,经不住孩子们泥一脚水一脚地跑来跑去,干脆把电视搬到了堂屋里。我们凑在电视机前,恨不得把聪明的一休从电视里拉出来。

那时候电视信号普遍不好,父亲从煤矿焊了一个十来米高的天线插在了院子里。那段时间正赶上播放《射雕英雄传》。自从电视进了门,家里的晚饭还没有吃好,就有邻居摇着扇子、捧着茶杯来等电视剧开演了。父亲匆匆地收拾好桌子,将电视高高地搁在上面,一边调着台,一边朝着屋里喊:"往左,慢点,再转点。过了,回来点,好,好,不要动了。"电视画面清晰地呈现出来了,邻居也悠悠地坐了下来,呷上一口茶:"你家的电视没雪花,清爽。"

电视也有犯浑、看不清的时候,满屏的"雀斑",声音也忽有忽无的。父亲就再让我去旋转天线。有一次,我发现用手捏着电视天线雪花就没了,为了让大家看得清楚些,父亲就让我用手一直捏着。母亲见了，有些来气："太麻烦了，明天割块肉挂在上面。"

邻居家有个小姑娘，比我们小八九岁的样子。她家的电视放在一间屋子的平台上。"人海之中，找到了你，一切变得有情义……"当这首歌响起的时候，她就站在平台上大叫："妈妈，妈妈，梅超风到啦！"

可能就连金庸先生也没有想到，一部《射雕英雄传》成全了我们这一代人对一个时代的回想。电视来了，梅超风便到了。在物质逐渐走向丰沛的同时，村里人的精神追求也在潜滋暗长。在改革开放初期，电视是农村人最为主流，也最为廉价的娱乐方式。

直到电视剧结束，邻居们才不无遗憾地离开，边道着别还边嘀咕："一天才两集，太少了。"父亲开始整理电视，母亲收拾喝剩的茶水。乡村的生活就是一个极具温情色彩的染缸，新鲜的东西在分享中也就演绎成了温暖的乡情故事。邻居们用脚来选择朋友，用行走聚拢友情。他们是为了看电视，也不全为了看电视。在电视的背后，他们更看重的是情分，是朋友；父亲给他们斟的茶水，是心意，也是乡情。这种邻里间的走动从过去一直到现在，没有因为时间的变迁而改变。岁月更迭，时光荏苒，乡村没有丢失这份静谧的、真挚的、淳厚的、浓蜜的美。

真好！

老 坟 山

工作以来慢慢积累下了三个爱好：喝茶、写字和垂钓。前两个是后天长出的叶，后者是从小留下的根。

初到南通工作那会儿，朋友知道我喜欢钓鱼，便在一个周六邀我同往。说是有个一直没被发觉的好去处，就藏在城里，鱼多人少。关键是，距离近，骑个车就能到。听朋友说得这么神秘兴奋，我就兴冲冲地跟着去了。结果他径直把我带到了公墓门口，吓得我转头就跑。他还在后面喊："别怕，没事的，这里鱼好钓啊！"

对朋友这种不靠谱的安排现在想来都有点哭笑不得。为了钓鱼让心理"历险"的事我也曾经干过，不过，不是在城里，而是在乡下。

老家村子后面，隔着一两块田的距离有个大土坡，足球场大小，村里人叫它老坟山。村里有人过世了，大多会埋在这里。向阳的坡面上密密麻麻地排满了各家的祖坟。土坡旁边就是村子通往老街的必经之路。平时大白天路过，我们也要一溜小跑，不敢正眼多瞧。到了晚上，更是能不经过就更好了。土坡上到底有多少坟，谁也说不清。但过了清明，高高矮矮的坟头上都压上了白色的纸串，大大小小，错错落落，远远近近，老坟山就成了一个雪花遍布的恐怖世界。

老坟山的坡顶上，有一个巨大的水塘，水塘边是生产队的牛棚。可能是粪水有营养的缘故吧，这个水塘里的鱼特别多。一天暴雨刚过，细雨还未散尽，我就扛着鱼竿出发了。为了省点道，我借着明亮的天光壮胆儿，从老坟山中间穿了过去。刚过的暴雨把坟间的小路冲得平平的，泥水还在唰唰地流着，茅草平整地被冲趴在小路上。一脚下去茅草就被压进了泥里，脚丫间冒出汩汩的泡来。穿着拖鞋在这样的小路上行走，大脚趾特别地费劲，要用力地抠着，不然拖鞋被泥吸住了，就脱了脚了。

突然，我感觉脚背一阵清凉，一低头，正踩在了蛇头上，蛇尾正在撩着我的脚背。我下意识地跳了起来，手里的鱼竿一下子被甩出去老远。蛇估计也没有遇到过这样的情况，就在我跳起的同时，它也跟着跳了起来。一个鹞子翻身，摔在了茅草上面，便飞也似的窜走了。就在蛇翻身逃走的同时，我也丢魂一般地跑回到了马路上。回头再看，一只拖鞋留在了蛇跳起的地方，另一只陷在了半道上。心都要蹿到喉咙口了，怎么也没了回去拿鞋的勇气。再一想，总觉得自己是不是哪儿被蛇咬着了。这种心理的阴影越抹越大，越想越深，想得头皮发麻。

村里人勤快，尤其表现在对土地的开发利用上。老坟山上稍有一点平整的地方，都被开成了自留地，种上了各种各样的瓜果蔬菜。我家的自留地就紧挨着一座坟，菜差点就种到人家的碑上了。记得母亲还有名有姓地告诉我那里躺着的是谁，但时间久远，现在记不住了。其实母亲胆子也小，只有大白天才敢来这块地里耕种。那年地里的白萝卜长得特别壮，绿茵茵的萝卜缨子已经遮不住肥大的身体了，白白胖胖的萝卜伸出地面老高，惹得路人看得眼睛都拔不出来了。母亲得意地畅想，有了这几垄萝卜，过年的配菜、来年的萝卜干就都有了。

想得美不如别人下手快，当母亲挑着箩筐兴奋地去收萝卜的时候，地里却只剩下大片的缨子了。大个儿的萝卜在夜里全被人顺走了，只留下了小如土豆般的仔子。那天母亲气得箩筐也不要了，冲到马路上就破口大骂，来来回回骂了两三趟，村里竟没有一个人敢搭茬。村里人都知道母亲的脾气暴，又正在气头上，谁搭了茬，气就会撒在谁头上，谁就可能是偷我家萝卜的人。那场眼见的丰收就这样在母亲的咒骂声中消失了，带着母亲的伤心和气愤消失了。

老坟山的丰富远不止于此。坡顶塘埂的草丛里，还藏着大自然的馈赠。大雨天过了，草丛中就长出了地衣，村里人叫"嗞嗞"。可能是脚踩上去"嗞嗞"响的原因吧。"嗞嗞"紧贴着草根，一丛一丛的。我常常胡乱地捧上几大把，带回家去，让母亲好一顿清理，加上少许的韭菜、辣椒爆炒，就成了一盘雨后的美味。这东西长得很像木耳，但比木耳更嫩，比粉皮还韧，吃在嘴里润而不滞，滑而不腻，特有爽适感。

围着水塘，村里人种了大片的棉花。在棉垄中间，穿插着甜瓜、香瓜。在水塘边钓鱼的时候，我们就偷摸着进了棉花田，将垄里的瓜挨个理上一遍。没有熟透的甜瓜籽是苦的，肚皮底下圆心也更苦。但熟透的瓜，这部位又是最甜的。既然进了棉花田，就是没熟，也要顺上几个尝尝。抠去籽儿，啃上两口，没味，就扔进了水塘里。看着它在水面上一冒一冒的样子，像我们凫水时冒起的小脑袋瓜子。

就在回忆这些往事的时候，我也觉得奇怪，当年的老坟山与历险现在想来也不再那么害怕了，就像当年的那些恶作剧现在也不觉得可恶了。经过了时间的酝酿，记忆在流失部分的同时，也在美化着其他部分。这样的回忆或许比过去真实的发生还要真实。

而我，为什么老会想起这些呢？

当我们从乡下走进城里，从孩童走向中年，物质的升级，地域的变迁，年岁的增长，让我们一方面收获着新的兴奋，另一方面也感觉到对旧的难以割舍。就如同我们喝上纯净水时，却想念着那可以在河边用手捧水喝的日子。这种不自觉的过往追忆，其实是对生活及情感本质的一次再认和升华，是对生活根系的溯源。

为什么老会想起这些呢？

不为别的，就为了缠住时间。让它一闪而过时，留下点什么。

人,终究是活不过时间与故事的。还好,还有往昔留在记忆中,经常翻出来擦拭、回想。

第六章

昭圣寺，照近寺

照近寺的雾
照近寺的庙
照近寺的脉
照近寺的娃

照近寺的雾

　　我是上了大学之后才知道，村庄的形态远不止家乡那一种。山里人家沿着河沟建房，长成了长溜溜的村子；平原人家在自家的田里建房，散落成点点的人家。而老家一带是典型的丘陵地貌，一家挨着一家，聚在一起，四周围是高高低低的农田。村子是农田的圆心。

　　站在门前一眼望去，缓缓的坡，层层的田，没有断崖式的大起大落，只是一层层地隆起，或是一点点地下缓。放眼望去，地势一点点地缓下去，一去就是一两里地；再升起来，一升又是一两里地。这样起起伏伏的地形最宜生雾了。

　　我的家与外婆的家分别站在两个山冈上，在农田起伏的两头。两个村子像镶在盘子的沿口上，而照近寺正处在盘底。

　　照近寺建在低洼地的一个小土丘上，约莫有二十来米高。村东头的坝（小河）紧贴着它的脚底流过，所以雾来得特别早，却散得比村子里慢。

　　我们早早地被母亲从床上撑起来，心里多少带着些起床气。站在门口刷牙的时候，迎面而来的是凉凉的湿气，天地都浸在浓得化不开的白雾里。只有天边泛出一抹微微的光，感觉到天就要亮了。

我们嘴里嘟囔着："这么早起来干吗？"这样的清晨，连太阳都被这白雾泡得无能为力。

村庄依旧十分宁静，但雾已经醒了。这时候，平淡无奇的早晨因为雾的缘故多了几分乐趣。鸡鸣，牲畜的低吟，脚步声，尤其是每家每户晨起清扫园子的"唰唰"声……那些熟悉的、不熟悉的声音时断时续地传来，却见不到人影。热情的邻居对着迷雾打招呼，又从迷雾中传来回应的声音。如果这是神仙的生活，那神仙该有多么灵敏的听觉才行啊。

早饭过后，雾开始流动起来。村东一里地外的照近寺慢慢地从浓雾中隐现出来。几丛树梢最早隐隐约约地出现了，像悬浮在半空中的野草，又像海中神秘的珊瑚。在浓得化不开的雾里，有公鸡的打鸣声传来，偶尔还有下地人的咳嗽声、拖拉机的突突声……在清晨的浓雾里，声音显得格外清晰，村子却又感格外安静。

雾渐渐往下沉着。先是露出照近寺高高的树冠，再是房顶的黑瓦，接着是红砖墙、草垛。最后，照近寺的两排房子隐约地现出来了。向外婆家望去，整个硕大的"盘"里，照近寺像浮在水面上的一撮茶叶，抑或是国画中被浓墨点缀在云海中的一叶扁舟，只是没有海的波澜。

雾中的照近寺静默又奇妙，周边纵横的田埂、参差的树木、深情的稻田、散落的坟茔、修长的苇丛……好像都在呵护着它清晨这片刻的宁静。我惊讶的是，熟悉到没有感觉的家门前，竟隐藏着如此惊艳的自然造化。这清晨的雾气，将天地连成了一片，像是悬着的一张硕大的宣纸，只用极淡的水墨在上面轻轻一抹，便有了树的倩影、屋的身形。平常所见的一切都变得若隐若现，似有还无，都溶解在了这无边的晨雾中。再仔细看，那屋顶上涌出的是炊烟吗？只一缕，便又淡淡地消解在了这晨雾中,分不出哪片是烟,哪片是雾。就像是画家蘸错了墨盘,再用洗笔的清水点了一下,便虚幻、空灵地晕开了。

照近寺的雾,静得舍不得消散。

太阳升起来了,天开始大亮,但照近寺脚下的雾还是久久地不肯离去。雾低低地贴着水面,绕着蒿草,缠着苇丛,如薄纱般地托着那个土丘,好像等着谁吹一口仙气带它飘走似的。

村子里的人日出而作,忙碌在菜地田头,没有欣赏景致的心情。本已身在仙境中,何须驻足再流连?倒是母亲为了骗我们起床,会诱惑我们说:"快起来,看,今天照近寺特别好看。"我们多半以为这是骗局,却不想,不经意间被惊艳到了。

迎着将散未散的雾气,蹚着湿湿的露水,我将家里的小羊牵到照近寺下的坝埂上,把桩插好。回家的途中,踢着草叶上湿漉漉的露珠,听着小羊咩咩地不舍地叫唤着。一转身,整个的照近寺完整清晰地呈现在了面前。

噢,照近寺的雾这才散尽了。

已经好久没再见到照近寺雾锁的清晨了。偶尔想起,记忆还真切得让自己惊讶。原来家乡已经悄悄地将她的馈赠塞进了每个孩子的背囊,照近寺已经将清晨的雾气染成了底片,存放在了我的心里。只要稍一触碰,回忆就能有滋有味地流淌。

我常常给我的学生、我的朋友们谈起照近寺的雾,谈起自己曾经多么富有地拥有与仙境一般的童年。他们似乎都不以为然,说我的描述并非真实的呈现,而是艺术的渲染。每到这个时候,我真想从脑海中定格出一帧那时的画面,让他们在一角题款,让他们感觉感觉什么叫词语的苍白。

可是,照近寺的雾,我也已经久违了三十多年。

照近寺的庙

照近寺，虽然叫寺，却早就没了庙，没了和尚，没了菩萨，没了飞檐翘角，晨钟暮鼓。现有的，只是两户人家。

说是两户，其实一家。寺虽然没了，但和尚却没有离开。落地建屋，娶妻生子，一家人在原址上过得还算平静稳当。因为和尚的老伴过世得早，他又不愿拖累儿子儿媳，便分了家。

有和尚，当然就该有寺。爷爷是个老学究，他跟我讲照近寺的故事，说都是书上有据可查的。句容县志里说，宋代，我们这一带有个好听的名字，叫望仙乡。光听名字就感觉透着灵气。乡里出了一位叫巫伋的大官，与岳飞同朝，做到了枢密院知事。我猜，估计是副总理级别了吧。因为想念家乡，他捐出薪水，造了这座寺庙，还亲自题写匾额"昭圣寺"。这样算来，如果寺庙现在还健在，也该有八九百岁了吧。

爷爷说，他小的时候，照近寺的香火特别旺盛，菩萨有两层楼那么高。平日里香客不断。逢到节日的时候，周边村子的人更是汇聚而来，香客把通往照近寺的小路都挤满了。远道而来的小推车堆集在村前祠堂的土场上，挤得密密匝匝的，像在赶一场热闹的集市。远远望去，高大的树木遮掩着庙宇，只见青烟袅袅娜娜，仙霭流连。庙里的钟声或短或长地传进村子，敬香的队伍像一条长龙，头在寺庙里，尾巴甩到了寺下的田埂上。

再后来，除四旧。砸的砸，烧的烧，寺被毁了，牌匾也没了。每每说到这里，爷爷总表现出痛心疾首的样子。寺里最后一个和尚没了安身之处，但还想着守住寺庙的根，于是还了俗，在原址上安了家。照近寺菩萨的香火演变成了和尚家庭的香火。和尚用有违佛道的做法保住了照近寺这个近千年古刹的名称，也算是一种功德吧。

昭圣寺，照近寺，乡音土语的缘故合二为一，想分也分不清楚了。再加上那时乡下人识字的不多，口耳相传间，就疏忽了这位巫伋老乡的良苦用心。照近寺，越传越顺耳，越传越通俗，当年的昭圣寺就成了今天的照近寺了。

"阿弥陀佛，改得真好！"爷爷说。世俗的力量静水流深，温柔地改变着一切。乡里人把希望融进称呼，盼着它庇佑左右的村子，关照四邻八乡。这一改，就成了地地道道的乡里称呼了，而且一直传到现在。

寺庙虽然没了，但庙会还在。每年的三月廿五，临近的东昌街上叫卖讨价，卖货杂耍，人声鼎沸，摩肩接踵。这天，附近的厂子会停产半天，周边的学校会放假半日。如果口袋里有个三块钱，我就会觉得自己特别富有，可以放开了享受，比如打枪、套环，还有冰棒、麦芽糖……

这天，好比过年。遥远的亲戚也会赶来我家吃午饭。一则赶在庙会里讨些便宜的农具家用，二则亲戚间趁机走动走动。接下来就要开始农忙了，会有小半年见不上面呢。

这天母亲会早早地起来，准备好一两桌的饭菜，等着亲戚们上门。那时没有电话、手机，客人们来与不来全凭存在心里的默契。母亲看着喜鹊在枝头冲着家门喳喳直叫——"看茶，看茶"，就会更加坚信自己的准备不会多余。

果真，不多会儿，亲戚就上门了。

村里人很自豪东昌街上有这样的繁华，更因为一年只有一次，所以又特别地珍惜。照近寺让乡亲间变得稔熟、温暖又长情。只要这繁华的庙会还在，照近寺就会一直活在村里人的心中。

照近寺离我们村子只有一里地，鸡犬声相闻，和尚家又归村干部管，所以村里人就觉得照近寺是我们村的。虽然没了庙，但还有寺名，还有故事，还有庙会，还有亲戚，还有热闹。

拥有了这份自豪，村里人对照近寺一直饱含着敬重，虽然寺庙不在了，但名称依旧叫得响亮，尊重至今未曾消减。

照近寺的脉

照近寺的土丘下有一弯月牙形的水塘，水情旱涝不变，满河的锈色，像血。

夏天的夜晚，爷爷摇着蒲扇，赶着蚊子，给我们讲述着陈年往事。每每这个时候，奶奶就表现得很不屑，说那些尽是些陈芝麻烂谷子，只有爷爷这样书读傻了的人才会记得那些奇奇怪怪的事。

其中，就有照近寺的传说——

朱元璋打下了天下，在南京做了皇上。有天晚上，他梦到东南方向有条卧龙伺机腾飞，会动摇他的江山。于是，派出了大臣刘伯温四下寻找。找来找去，就找到了离京城两百多里的照近寺。

照近寺脚下的这条坝，从三十多里外的高骊山绵延下来，一路向南，弯弯曲曲，或窄或宽，蜿蜒萦绕，足有百里长。这是一条龙脉，虽然蛰伏得小心翼翼，但不小心还是闯进了朱皇帝的梦乡。

照近寺，就建在龙脉上。

爷爷说，刘伯温找来了许多的民工，在照近寺的土丘下挖了一条深深的沟，想要把龙脉切断。神奇的是，到了晚上，白天挖出的深沟自己又长满了。后来，民工们将铁锹、锄头插在了沟里过夜。

第二天，满沟都是血色的河水。

龙脉被切断了。

说到这一段，爷爷会用扇子在腿上拍两下，啪啪直响，像有蚊子咬他，脸上痛惜的表情悄悄一闪。有时，他还会偷看一眼正在厨房里忙碌的奶奶——他怕奶奶丢下抹布再过来怪他："你个老东西，又在骗孩子，有工夫多教孩子识几个字。"

小时候的我每次走过这个月牙形的小河塘，总会好奇地多看几眼。那水色的确很红，上面飘着细细的浮萍，将水衬得更加可怕了。

"龙在地下应该会很痛吧！它还活着吗？"我不自觉地这样想。

夏天的夜晚热得漫长，秋天的夜晚爽得悠长，听爷爷坐在门前的场地上讲村里的故事，渐渐装满了脑袋，却总也觉得不过瘾。听多了，奇思妙想也充满了脑瓜。在农村生活久了的孩子会像我一样，被许多的神秘传说所裹挟，所拿捏，一路无限的恐慌与无限的兴奋，思绪在村子里游荡着，脑海中充满了添油加醋的想象。

时间一晃，爷爷已经离开我们好多年了。时常想起他，想起他套着带洞的白汗衫，坐着矮凳，摇着蒲扇，陶醉地讲故事的样子；想着他谢了顶的脑门在星光下微微地泛着油光；想着他还健在的那些日子，将我们的快乐塞得满满当当。

我现在常常后悔，当初听爷爷讲那些村子里的故事，都只是一掠而过，不求甚解，甚至有时还会不知不觉中睡着。而如今，当我想知道得更多更细的时候，爷爷却已经走了。

人，终究是活不过时间与故事的。还好，还有往昔留在记忆中，经常翻出来擦拭、回想。

这也是一种幸福，尽管这种幸福多少带着点苦涩，但滋味，真好。

照近寺的娃

　　和尚家的孙子是弟弟的同学，矮矮的，黑黑的，脑袋特别大。有段时间，他经常和弟弟黏在一块儿。村里的男孩儿学习用功上都差不多，但调皮的程度各有不同。这孩子和弟弟一玩起来就忘了时间，天黑得连鸡鸭都回窝了，他们还疯得不想回家。

　　和尚的儿媳妇嗓门特别大，到了吃饭的时候，一嗓子就能穿过一里多地，吓得竹林里的鸟懵懵地乱飞，余音在村子的上空能荡上好几圈。她是有名的"棒打出孝子"，和尚的孙子听到这声音，一刻也不敢怠慢，边大声回应着，边往照近寺跑去。远远的，田埂上像有只南瓜在窜着。

　　这孩子特别灵气。初中就获得了县里的数学竞赛一等奖，再后来进了县中，考上了北大。

　　村里出"状元"了。这消息走得比现在的网络都快。那段日子，村子里茶余饭后都在议论这事。和尚的背板好像也在议论中变直了。一向不怎么进村的和尚，那段时间特别喜欢在村子里走来走去，走到谁家门口都会有人恭喜他。

　　村里人私下里悄悄议论着，凭什么和尚的孙子能考那么好？父母大字不识一个，唯一能让村里人信服的，是和尚家的风水好，建在龙脉上，果真望子成龙了。

和尚家请客的那天，照近寺放了半个多小时的焰火，火光把邻近的几个村子都惊动了，也在村里人的心里点燃了光宗耀祖的希望。村里好多的大人领着小孩站在家门口看，督促着孩子好好看。说是看焰火，不如说是沾点喜气，又当现场教育了，想着将来自家的孩子也能像和尚的孙子一样出息。

说来也怪，自打那事以后，村里又有孩子陆陆续续考上了大学，清华的，南大的，省内的，国外的……走出去的孩子越来越多，村里放焰火的机会也就越来越多了。村里人将命运的转变、家族的希望都寄托在了下一代身上，在供孩子读书上倾尽全力，决心从来没有改变过。

有人说，照近寺的龙脉又长好了！

照近寺脚下的坝里，水清得让人见了心都痒痒。田里劳作的人，弯下腰就可以喝上几口。有时一抬头，旁边喝水的还有水牛和山羊。

村里人决定建个泵站，将坝里的水直接引进村子，每户每月只收五块钱。村民代表讨论的时候，几乎没有人反对。将龙脉送进村子的每家每户这是再好不过的事情了。另外，还有人专门提议，给村外的照近寺专门接根水管，大家觉得将坝里的水送进照近寺是件有意义的事情。

至于原因，大家心照不宣。

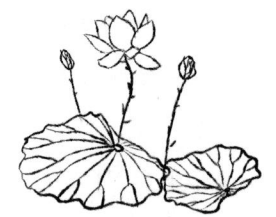

我们一路走着，一路遇到新的人与事的同时，也在不经意间一路失去曾经的一些事与人。亲人也好，同学也好，朋友也好，有时一次不经意的离开，也许就是后会无期的诀别。

第七章

不会衰老的交结

山芋和狗
草狗无名
猪兄的贡献
得有好习惯
真诚的祭奠
谁牵走了我的羊
牛事堪忆

山芋和狗

乡下的冬天，屋里和屋外一样地冷，早晨起床是件极痛苦的事。每天一早，透过被窝听到母亲在灶台上叮叮当当的忙碌声，我们就开始紧张起来了。那是母亲催促起床的预告。

母亲是个急性子，还是个大嗓门，把按时上学这事看得比天都大。在厨房里喊了三声后，我们弟兄两个如果还没有动静，母亲就会直接来揭被子，或是干脆用那冰冷的手伸进被窝把我们拎起来。所以，我们总会在母亲靠近床边的一刹那一跃而起。比起被母亲冰冷的手"炽"一下，还是自己主动穿衣服来得痛快些。

冬天最常见的早饭是烘山芋。一锅的山芋，再放少许的水，十几分钟，香味就窜满了屋子。"好的人吃，坏的猪吃。"母亲会在我们挑山芋的时候嘱咐一句，机械重复，每天如一。我们兄弟两个每人两只大山芋，手里拿一个，口袋里揣一个。"好好听老师讲课！"在母亲永远不变的唠叨中，我们被"轰"出了家门。

太阳才露出红脸，天上还挂着月亮，路上铺满了白霜。天气冷得纯粹，冷气从鼻孔直溜溜地钻进心里，一瞬间我们把身体收得紧紧的。风从领口直通通地往里灌，冷得一溜一溜的。滚烫的山芋，握在手里烫得生痛，干脆放在下巴上，挡着领口的风，暖暖的正好。借着这股暖气，我们专挑路边霜重的草丛，一步留下一个脚印，歪歪斜斜了一长串……每天我们都是这小道上的先行者。

乡下的狗很有灵气，它们很清楚一件事，大人吃山芋是不吐皮的，但孩子们却不。我们兄弟两个走出家门不久，村里的狗就跟上来了，一只，两只，三只……

它们很警惕，充满期待又小心翼翼。几乎每只乡下的狗都有被大人们追着打骂的经历，尤其是乡下妇女的咒骂；也都有与孩子们快乐玩耍的记忆，所以它们在等待孩子们丢山芋皮的时候显得很有耐心，不急不躁，不远不近，且行且停，静静地跟在孩子们的后面，沉稳低调，默默无闻。我们这些孩子大多非常喜欢狗，所以，很多时候，我们一路逗，一路跑，一路吃，一路丢。一路走来，狗吃得比我们多，我们乐得比狗欢。

到了学校门口，那里早就聚集了十几条形形色色的狗，它们从村子的各个角落尾随着孩子一路走来，只是为了吃上几片心心念念的山芋皮。在那个食物匮乏的年代里，乡下的狗比乡下的人更能扛饿。贫瘠的生活将狗与孩子们拉得很近，甚至相依为命。人们常说狗改不了吃屎，其实，如果不是饿到了极点，它们是不会落下这个恶习的。

孩子们进校园了，可狗们还在学校门前的土场上久久不愿离去。孩子们手里的山芋皮只是勾起了它们的馋虫，远没能满足它们的食欲。它们看似漫无目的地闲逛着，心里却萦绕着挥之不去的饥饿感。有几只胆大的会趁着上课的铃声没响跟进教室。这种情况下，十有八九会被调皮的男生赶出来，或是被女同学的尖叫声吓出来，更可怜的还会挨上一脚或是一扫帚，然后惨叫着冲出来，吓散一场的同伴。村里的狗儿们的早餐聚会便也在这种惨叫声中溃散了。

听说，孩子们中有几个调皮透顶的。他们把从老师那儿偷来的大头针插在山芋里，然后将山芋高高地抛起。饿极了的狗会挤着，猛地跃起，一口接住，然后就是一阵阵瘆人的惨叫……那声音能渗进你的骨头里，让头皮发麻。我没有亲眼看到这种景象，但有同学告诉我，谁家的狗就是这样被害死的。听到这，我心里一酸。

草狗无名

草狗,是对本土狗的一种蔑称,常用来骂人,最恶毒不过了。

中国语言博大精深,却没有给本土的狗儿留一个好听的名字,柴狗、黄狗、土狗……无一不土,无一不挫,无一不贱。就是"中华田园犬"这个自封的雅号,多少还是有点土特产气息。

在点灯用油、护院靠狗的年代里,村子里几乎家家养狗,却很少给狗起名字。

草狗无名。

在嬉耍的狗群里,村里人一眼就能认出自家的狗。扯上一嗓子,狗就能听懂谁在叫它,这叫默契。村里的狗走到哪家吃哪家,吃着百家饭,却护着一家的院,这叫忠诚。这样有责任心的狗,不像城里姿色可人、撒手就丢的洋狗,虽然有个娇滴滴的名字,喊了也未必找得回来。

农村人都节俭,剩饭剩菜倒了可惜,养猪又不够,养狗正好。物质匮乏,人吃什么,狗只能吃剩下的。村里的狗无一不是在嗟来之食与施舍中长大的。宽容的人家会允许狗在桌框底下吃点残羹;规矩凶的人家,狗儿只能眼巴巴地等在门外。桌上的人不散,狗不

侯德剑 画

敢越过门槛一步，这叫规矩。饭食没得挑，勉强吃饱了就是福，所以它们没有奢望。村里的草狗多身形修长，不胖。它们不晓得，城里的洋狗是可以上桌的，体型也比它们丰满，有的还有漂亮的衣服。听朋友说，他母亲养了一条小洋狗，每天早餐用牛奶鸡蛋伺候着。鸡蛋还要剥好，掰碎，不然小洋狗会噎着的。我不知道，乡下的草狗如果听说这样的事情，心里会泛起怎样的波澜。

奶奶家曾经养过一条狗，凳子那么高，脖子上长着浓密的黄褐色的毛，像时尚男人的波浪头，在村子里显得很有范儿。每天早晨，爷爷要走七八里地去另外一个村子的学校教书，狗就陪着他走出村子。回来的路上，它会与村子里的其他狗厮混上半天，到家的时候县里的有线广播都响了，该是烧午饭的时间了。

到了下午，它会安静地待在家里，一副万事不关心的样子，直到黄昏才又溜达出村子，沿着爷爷下班的路不紧不慢地逛着。直到看到爷爷的身影出现在小路上，它才一溜小跑地追过去，然后像个小跟班似的回到家里。

这样的草狗活得自由，活得悠闲，活得快活。不用绳子拴，更没有人去管。天热了不需要人为它剃毛，天冷了更不奢求有人为它穿衣服。一天的生活全靠自己安排，干啥不干啥也全由自己的心情。

在农民的心里，狗就是狗，没有贵贱，都是看家护院的，这是它的本分。狗当然也明白这个道理，有生人来了，它会冲着吼上一阵，只要主人一发话，立马收声儿。一来二去，时间长了，混熟悉了，下次再来它会冲你摇尾打招呼。但是，它仅是用摇动尾巴来表达内心情感的丰沛，而绝没有洋狗的极力献媚，不会为你表演。招呼过了，也就走开了。它们不会降低精神的高度以弥补物质的匮乏，也不会减少灵魂的成色以满足肉体的娱乐。

草狗坚守着一份自尊。

生活越来越好了，在人的眼里，狗也开始分个三六九等了。城里人喜欢上了样子可人的洋狗，将它们养成了自己的孩子；渐渐地，村子里也多了许多串了种的狗儿。土洋结合的狗儿起了许多讨人喜欢的名字，真正的草狗越来越少了。

在城里的街头巷尾，或是村子里的某个角落，偶尔还能够见到三五成群的草狗。它们不干不净，邋里邋遢，流浪在生与死的边缘。它们不远不近地躲避着人，目光中透出些许的恐惧与不安，却不曾放下作为草狗的自由与自尊。

它们，依然无名。

猪兄的贡献

在改革开放初期,分田已经到了户,百废待举,生活却依然拮据。在这个特殊时期,猪对于一个自给自足的农村家庭来说,意味着诸多的希望。田里的化肥,孩子的鞋袜,亲友的人情,甚至男人的烟和酒,都有赖于一头猪给一个家庭的贡献。村里大多数的父母因为穷而未能读完小学,他们将曾经的失望转化为对下一代的希望,经常这样鼓励孩子:"只要你好好读书,把家里的猪卖了也要供你去上学。"这是一个农村家庭对孩子读书所能表达的最大决心。换个角度来看,猪有时还是孩子们光宗耀祖路上的盘缠。

为了让猪生活得舒适一些,夏天的傍晚,母亲会从井里打水冲洗猪圈。猪圈里的味道很大,熏得让人窒息。傍晚更是蚊虫最为兴奋的时候,多得直往脸上撞,有的还会冲进嘴巴和鼻孔里。但母亲却不以为然。她常挂在嘴边的那句话是:没有生的臭,哪有熟的香。

每到这个时候,猪兄就可以出圈放风了。摆着屁股,低着头,一边走,一边哼哼着,漫不经心,悠闲自得。看不出有放出来的兴奋,没有冲动与目标,抑或能被生下来就已经是最大的目标了。

我们兄弟俩用水给猪冲澡，还用刷子给它刷毛，它也乐哉地享受，洗刷时一动也不动，嘴里依旧发出微微的哼哼声，像情不自禁的呻吟，又像是对我们服务质量的肯定。这样的放风时间还挺长，一放出来，通常要等我们吃过了晚饭才会将它赶回圈里。它也不乱跑，就在门前来回走动，来回地嗅着，晃来晃去，走走停停。它一直低着头，不时拱拱地，哼哼唧唧，很低调，很悠闲。累了，干脆侧躺在门前，将肚子铺了一地，任你从它的身上跨来跨去。

猪兄真的不像狗那样看到人吃饭就会围着你转，它很绅士，沉稳得像充满了思想的高冷。不过，有时也会惹点小麻烦。随着它身体的一天天长大，一钻到晚饭的小桌子底下，就能把桌子顶起来，扛着在门前的场地上跑。桌上有时还放着母亲准备的饭菜，吓得母亲箭步冲上去，一把把桌子压住，追骂声里透露着满满的快乐。就是犯了这样的大错，它在家里的待遇还是要比狗强——最多挨骂，绝不挨打，这是由它的经济地位决定了的。

家里有了猪，母亲就从不在外婆家留宿了。"还要喂猪呢！"是她对外婆挽留的最好拒绝。外婆也是个持家的好手，当然知道猪的重要，孩子饿一顿死不了，猪要饿一顿几天都回不来膘。

可能是因为猪在我们家生活得太过养尊处优了，也因为母亲将它伺候得健康快乐，我家每三个多月就能出一头猪。送到乡收购站前的那一顿，母亲将猪喂得滚圆滚圆的，撑得猪跨个坎都能吐出来。乡里的收购员很有经验，一看皮色，就知道母亲养的猪属一等膘。再看肚子，说要扣去几斤浆水的重量。这可触动了母亲的小算盘，她会不断地与收购员提熟人，套近乎，总能让他少扣点分量。在母亲的心里，短暂的交流能够抵得上十多天的喂养，这时候争取来的不仅仅是分量，更是实实在在的肉钱啊。那时收购站里的都是本乡本土的人，三绕两绕都带着几分亲戚关系，因而这种讨论还价就更像亲戚们在聊天了。

称好重，讲好了斤两，收购员用剪刀在猪毛上剪出一道长痕，算是入栏的标志。猪被收进去的时候，母亲很有点舍不得，手里握着钱，眼睛却一直盯着栏里的我家的猪。猪还是那么低调，那么沉稳，还是那么有思想的样子，不急不躁地，没有对母亲表现出一丝的留恋。

作为一个农民，养猪是母亲对自身能力的一种肯定。乡下女人，不会种田养猪是一种罪过，母亲一直坚守着这个朴实的职业自觉。今天出圈的这头猪又一次肯定了母亲对这个家庭的经济贡献，因为这次卖猪的钱，又可以抵得上父亲在煤矿两三个月的工资了。

入了秋，母亲又开始了盘算——是该捉只小猪回来，养着过年了。

得有好习惯

天还没有亮，拖拉机就"突突""突突"地拉来一车人，停在村头催着母亲上车。

今天是捉小猪崽的日子。

村里捉小猪崽是一件很隆重的事情，重要到要看皇历，算日子。因为这关系着这一季的家庭收入，无异于当下城市家庭的理财，生意人的拜财神。所不同的是，养猪是一项实业，虽然过程也存在风险，但规律是可循的，希望看得见摸得着。那时交通很不方便，想买到好的小猪崽，得到邻县的延陵乡猪市上去选。村里七八户人家合起来请了台拖拉机，提前十天半个月就计划好了。买猪崽的这天，将是奔波的一整天。

小猪捉回来的头三天，母亲非常紧张，每隔个把小时就要去猪圈看一看，怕猪贩子为了增加小猪的分量，喂食了水泥之类不能消化的东西。小猪消化不了，没两天就撑死了。不良商贩古已有之，村里还有前车之鉴，母亲只有担心和守候，没有其他办法。

进了我家的小猪，待遇与我们兄弟两个差不多，有时甚至更好。每天烧好饭后，趁着锅里还有余热，母亲再往灶膛里塞上几把柴，将猪食倒进锅里，加些白菜、山芋叶，再撒上一把盐。我们吃完饭，猪食也熟了。从进门开始，我家的猪崽主食吃的都是熟食。

"要想养得好，得有好习惯！"母亲将教育我和弟弟的话用在了喂猪吃食上。她为猪设计了一套完整的吃食流程：先吸汤，再吃干，不吃干净不再添。一桶猪食倒进了槽里，再撒上少许的糠。心急的小猪闷头就捞干的吃，还将两个前爪伸进了槽里。这时候的母亲通常是严厉的，下手也狠，用竹竿直接敲打它的前腿，边打还边训斥。等猪被打痛了躲到一边，她再加把糠，"啰啰，啰啰"地用竹竿轻搅着槽里的汤水，指导小猪先喝汤。不出一个月，小猪的习惯就养成了。就这点上来讲，我们在学习习惯上的培训效果远不如猪——我想，这可能和母亲没有用竹竿子直接敲打我们的"前爪"有关。

猪崽在享受母亲提供的主食之余，时常还会享用点辅料，而且都是些时令的鲜草和鲜菜。每天从田里回来，母亲会带上一两篮的青草，时不时还会将田里吃不完的青菜、萝卜、冬瓜等切碎了丢往圈里。这时的猪崽会表现得异常兴奋。猪虽然不出圈，但它能够知道近期田里都长了些什么。

那年家里的草莓丰收，人吃不完，又不值当卖，母亲就将草莓全倒进了食槽。头两天猪崽吃得欢快，可几天下来，草莓酸了，猪也厌食了，病恹恹地躺在圈里一动不动，连哼哼声都没了。母亲急着找来邻村的兽医，兽医在猪耳根后面打了一针，给母亲甩下一句话就走了："你这婆娘，省得不是地方。草莓这东西，你吃多了试试看！"那次猪崽生病，花了几十斤草莓的钱，母亲心疼得不行。

母亲不识多少字，但懂得一个理，多吃少动会变胖。猪不能多动，不然长不了肉，还浪费粮食。一次偶然的机会，母亲将客人喝剩下的酒倒进了猪食里，猪吃了全身显出肉肉的粉色，酣睡了好半天。母亲以为猪又生病了，结果这一急，还让她发现了一道让猪多吃多睡的秘方。

她把父亲叫来说："快来看，快看，猪喝醉了也会发红，和你一样啦！"

真诚的祭奠

过了腊八,也就进了年。

少了农活,大清早就显得有些安静慵懒,一点点的声响就可以传得很远。在这样的清晨里,隔三岔五就能听到猪的嚎叫声——先是几声尖厉,接下来几声铿锵,再后来一段沉闷,最后是一声叹息。这是生命的绝响,却感觉不到持久激烈的抗争。

经历告诉我,但凡拥有天资禀赋的人,往往显得低调沉稳。这是一种生存智慧,低调久了,就能将问题看得透彻,哪怕是生命。人生如此,猪生亦然。

从情感上讲,我不愿将猪的一生看成是被动走向死亡的悲剧,倒愿意想象着,它是主动并乐意地走向自己的宿命。临近春节的时候,猪被作为乡土的牺牲放上餐桌,然而,即便是到了生命的最后一刻,它也没有哀怨,连陨落的声音都显得低调沉稳,只是夹了一丝的凄惨——那凄惨又尖厉的嚎叫也最多持续十几秒而已。这是宿命,猪很清楚,猪之为猪的意义就在于生命结束之后。

自人类摆脱蛮荒以来,就以五谷为养,五果为助,五畜为益,五菜为充。养、助、益、充为人类的生存与繁衍提供着能量。猪的一生，其精彩的绽放是以死亡作为开始，是以为主人提供能量为荣的。因而，当这一刻到来的时候，它或许是在为自己生命的升华做最后的咏叹，但咏叹依然低调。我真切地感觉到，对猪而言，牺牲应该是一个褒义词。但是，每每想到它们面对被宰杀的命运，我的心里仍旧唏嘘不已。站在食物链顶端的我们，一方面抵挡不住食物的诱惑，另一方面还保有一些悲悯的心态。其实，生活本身就隐藏着这样的悖论。可能这也是我一直不敢看杀猪的深层缘由吧。

杀猪过年是件很重要的事情，是为新年大餐做准备，也是对自己和家人辛勤劳作的慰问。屠夫要提前好多天去邀请，在这个时间段里，他们进入了忙碌的时节。他们从嘴上到身上都泛着油花，身上散发着猪屎与血腥的味道，连村里的狗见了都会远远地躲开。在家养的禽兽眼里，他们是行走的杀手，走到哪里都带着死亡的威胁。每家每户请他们来家里杀猪，不但要收屠宰的报酬，还要主家给点猪肝、大肠之类的作为酬谢。如果猪的出肉率高，还要外加几斤猪肉才行。

杀猪的那天，会来好几个男邻居帮忙。按猪是一件很费力气但又讲技巧的活儿，要听从屠夫的统一指挥。一年中，这是屠夫唯一说了算的时候，所以他非常珍惜这样的权力，经常骂你骂他。村里常有猪带着流血的伤口到处逃命的事情发生，那是屠夫最丢脸的事情，会被村里的媳妇们笑话上一年。

到了中午的时候，家里就有新鲜的猪肉下酒了。门前散落的猪毛，滴落的血水，尖利的刀具，还有猪临终前留下的粪便，这些都不会影响一桌子人午餐的喜悦。屋里的酒气中夹杂着猪屎的臭味，几只没有完全冻僵的苍蝇在冬日午间的阳光下游荡着。

村里的狗来了，小心翼翼地嗅了嗅地上的血水，随即又胆怯地跑开了……

家里杀了猪，与村里人共同分享能够放大收获的喜悦。母亲割下一刀肉，带上猪心、猪肺凑了一大串，让我给爷爷奶奶送去。这既是晚辈对长辈的孝敬，也是对新年祝福的预热。父亲会请来村干部和邻居吃晚饭，来的朋友越多，表明这个家庭在村里地位越高，人缘越好。这就是所谓的乡情与民俗，它的存在有其必然的合理性。在乡下，酒肉是增进邻里友情最好的媒介，城里亦然。

父母对赴杀猪宴来的人之多非常地满意，内心的喜悦将脸撑开了一朵花。这是乡下人一年才能拥有的一次虚荣，是以猪兄的生命作为代价的。这种虚荣里面含有真情，行为朴实，情感也十分地真挚。说到村干部，其实就是乡里乡亲，抬头不见低头见的邻居，只是找个理由喝点酒罢了。酒不好，猪肉管够。大肉红烧，内脏小炒，猪血炖上白萝卜清清爽爽一大锅。平日里节俭到小气的母亲，今天也特别地大方，将猪身上各种肉都一一给邻居们尝上一尝，菜碟汤碗叠了一层又一层。酒过三巡，菜过五味，满满一桌的猪肉小菜已经一片狼藉，但朋友还在称兄道弟，天旋地转，肝胆相照。我想，或许只有这样轰轰烈烈的场面才对得起猪低调的一生，大碗喝酒，大块吃肉，才是对它最真诚的祭奠。

村里人离开的时候，几乎快不能直着走路了，但还不忘留下几句夸赞：你家的肉好，没膻味，香。

母亲收拾着碗筷，将剩饭剩菜倒进了猪食桶，嘴里不自觉地"啰啰，啰啰"发出唤猪喂食的声音。

提桶的时候，她突然意识到了什么，手微微一颤，就又放下了……

谁牵走了我的羊

我曾经丢失过两只羊，一只幼崽，一只成年。

邻居家的母羊一窝下了五只小崽子。临盆那天，邻居在门前生了一堆小火，将刚生下来的小羊崽放在火边烘烤着，说是这样烤一烤羊容易活下来。

果然，小羊很快就能颤巍巍地站起来了，三白两花，样子很像它们的妈妈。

邻居见我很喜欢的样子，试探着问我："想养啊，送你两只？"我一口就答应了，冲过去就想抱走。邻居一把拦住了我的胳膊："吃奶呢，过几天长硬气了再拿。"

小羊崽终于进了家，母亲见我喜欢得不行，就专门在猪圈的边上堆了一堆草灰，还铺了一些稻草，算是给小家伙安了个家。

两只小羊崽长得一模一样，双胞得出奇。初来的两天叫唤个不停，不吃也不喝，吵得要紧。弟弟突发奇想，说是小家伙可能想妈妈了，我们用亲戚探望父亲的麦乳精给它们当奶喝。父亲是个烟枪，香烟就是他的命，一天三餐吃饱了从不吃零食，对麦乳精从来不闻不问。母亲更是讨厌那股子奶油味，说是闻到了就反胃。几个月里，那几瓶麦乳精早已被遗忘在角落了。

也不记得当时是从哪里倒腾出来的奶瓶，我们偷偷给小羊喂起了奶。起初这两个小家伙是抗拒的，但没两顿下来，它们倒反客为主了起来。追着奶瓶抢，一只一顿能吃上一大瓶，吃完还围着你打转，久久不肯离开。后来我才知道，动物都有一种印刻心理，它们会把出生时见到的第一个人当作自己的母亲。虽然这两只小羊是后来才抱来的，但我们整天陪着它们，也就成了朋友了。这种超越物种之间的友谊虽然初起于吃与喂之间的功利，但真挚又纯净，久而久之就成了形影不离的朋友。尤其对于孩子来说，寄托了我们对朋友的所有的美好想象。

日子长了，我们和小羊之间便多了一种默契。吃饱了的小家伙喜欢用头顶我们的手，两只前蹄一个小腾空，然后脖子一歪，就将头伸了过来。不偏不倚，轻轻地抵在了我的手上。你用力，它也用力，你退缩，它就进攻。顶输了，就再来一次小腾空，再来抵上。这样重复的快乐成了我们之间最好的交流。

母亲发现两瓶麦乳精罐子突然变空了，抓着我就质问。情急之下，还没想好怎么编织谎言就被母亲逼出了实话。这下母亲急了，一边收起了另外的几瓶，一边动手就要打。手举到半空中，突然又停了下来，拍拍围裙："败家子，两个败家子，这么好的东西喂了羊了。这羊是金子做的啊！"见母亲没有动手，这倒让我们感觉到有些意外。麦乳精从此被锁进了柜子，母亲每每见到我们跟小羊一起逗乐子，见小羊又随心所欲将小黑豆拉到了门前的谷场上，便会操起扫帚赶起来："去，带远点，又拉门口了。"扫帚一扬，我们已经跑上了村头的田埂，欢蹦得像四只小羊。

小羊已经能够吃草了，我和弟弟做了两根长长的绳子，将羊绳钉在了村外的水渠上。才一天，就少了一只。

田里干活的村里人说，看到一个骑自行车的抱走了一只，还以为是我们家的亲戚呢。我冲回家，推出父亲的自行车就去追。那时候个儿小，腿只能从自行车的大梁下斜伸过去，我们那里叫"掏螃蟹"。我一口气追出了村外，看着路上一辆辆的自行车远远地离去，却不知道该往哪里追了。

我的第一只小羊就这样被人牵走了。是谁，我不知道。去哪儿了，也不知道。但可以肯定的是，那人是不会舍得用麦乳精去喂养它的。

剩下的一只，我和弟弟更加地宝贝了。天太冷不牵出去，天太热也不牵出去，下雨天更不牵出去。只要我们在家不上学，都不牵出去。村里正打疯狗，母亲不许我们养狗，我们就把羊当作狗来养。正值青年的羊精力充沛，行动矫健，我们想象着它是一只警犬，让它练习奔跑，练习跳过家里的长条凳，跃过田埂上的小沟，它都完美地完成了一系列的训练。更为神奇的是，如果哪天我们放学晚了，见到天黑了，它会用力拉出插在地里的小桩子，自己跑回家。我曾有过奇妙的想法，是不是在它的身体里藏着个闹钟，知道什么时候吃饱，什么时候回家。

那时候小姨娘还没有出嫁，偶尔到我家小住。她有一把木柄橡皮囊的梳子，用来梳理她那漂亮的大波浪头发。我们见这梳子不错，就悄悄拿来给羊梳毛。羊也喜欢享受，站立着一动不动，一边反刍，一边眯着眼睛，一身的舒坦。每次梳完后，梳子上都能薅出一把的羊毛来。而那些零零星星留在梳子上的，将来就会成为小姨娘头上的装饰品。

小姨娘乌黑的长发沾上了羊毛，气得找母亲去理论，还要母亲赔她只新的。说到花钱，就会触动母亲的利益，母亲的不满自然就会异常剧烈。那次要不是我们反应快，跑得早，母亲一定会将家里那根芦竹棍子打裂了才会罢手。

有了羊的日子，我和弟弟安顿了许多，有了共同的爱好，少了掐架，多了合作。眼看着天气越来越冷了，羊也不上水渠了，拴在了家门前的杨树底下。树下铺着一层晒干了的水花生。家里的山芋、青菜不断地供应，母亲也经常从田里带回来些青草。为了让羊改善伙食，我和弟弟有时还会趁着夜色去外面的田里偷割几把麦苗，给羊加餐。羊越来越壮，胡子也越来越长，神情越来越沉稳，有了成年的样子。

一天放学，羊又不见了，只剩下了一根还拴在树杈上的绳子。

羊被母亲卖了。

我们急得跳了起来，把书包重重地摔在了地上，冲上马路希望看到还没有走远的收羊人。人没看到，却看到了芦竹园子边上一摊黑红的血迹。我见过收羊人，他们将收到的羊一刀捅死，拴住羊的后脚便倒挂在了自行车上，一任还没有死透的羊一路挣扎。想到这，我的眼泪唰唰地往下流。我都不敢细想，那一刻它该有多么绝望，它多希望我和弟弟这两个好朋友能够帮帮它啊。

母亲显得很平淡，很不解："急什么，要养，我再帮你们捉一只好了。别哭了，羊嘛，养大了就是要卖的，哭什么哭。"母亲说得那么轻描淡写，理直气壮的样子。

那天，我和弟弟都拒绝吃母亲做的饭，也不理母亲。

再后来的几天，饭是吃了，依然不理母亲。

再后来，母亲说给我们再抱只小羊来养，我们谁都没有理她。

我们和羊的缘分就终止在了那个冬天，谁牵走了我的羊，我依然不知道。

我们习惯用"后会有期"来表达对人或事再次见面的期许，说的时候往往作为一种客套，说得随意，听得也无心。但是细想，有些人或物，注定只能陪伴你一段，随你一程。就像徐志摩在诗中写的："我是天空里的一片云，偶尔投影在你的波心。"我们一路走着，一路遇到新的人与事的同时，也在不经意间一路失去曾经的一些事与人。亲人也好，同学也好，朋友也好，有时一次不经意的离开，也许就是后会无期的诀别。

现在我一般不敢轻易去养一个小动物，不是精力不济，而是害怕离开时的不舍。人过了中年，开始由家庭中的第三代慢慢变成了第二代，身边亲人与朋友的每一次离开都会像秋霜一样在我的心头加重一层痛楚的印痕。少不更事的瞬间愈合，到人过中年的久难释怀，生命不能承受之重的感切越发真实，越发深刻，越发拿得起，却放不下了。

我常常在独处时痴想，我们总感觉将最美好的东西留在了童年、少年，就像这两只小羊，直到今天我仍旧能够从它们身上找到那段无忧无虑的童年时光，仍旧能够感受到与它们有过的拥抱的温暖，仍旧能够分享着彼此愉悦的瞬间。日子就是这样一步步走过来的，充实而悠长，慰藉心灵。

然而，少不更事的日子终究已经过去了，而最真切的生活正发生在当下。珍惜当下，是不是对时光与记忆最好的尊重呢？

好在时光且长，一切都还来得及。

牛事堪忆

我，生肖属牛。

开始以为，人的属相是可以每年换一个的。后来才知道，那只是成年人跟孩子开的一个玩笑。人一出生，属相就印记在了你的身上，带着冥冥中的注定。

生产队里最大的牲口就是牛。农忙时节，家家得轮着放牛。可能是因为属相的缘故吧，我对牛天生就有几分好感。

属相是牛，经常放牛，可称"牛人"了吧。牛人与牛接触多了，便留下了一些回忆，遂称"牛事"。

放牛，可不是一件轻松的事，少有"牧童骑黄牛，歌声振林樾"的惬意。那些借着牧童来展现农村闲散生活的人，通常是从来没有放过牛的。农村放牛通常起于启明星，归于秋虫鸣，正常时光都让给牛去犁田用了。无论是烈日暴晒，还是风雨交加，牛是必须得放出去吃饱的。它皮糙肉厚，无畏风雨，但我细胳膊细腿，就只能忍耐再忍耐了。

放牛是件极单调乏味的事情。没有人说话，只能用手势和吆喝这些牛能够理解的声音和动作来指挥着并不默契的老牛。这真不是一个孩子想要的生活。一手牵着牛绳，提防着它偷嘴吃田里的秧苗、豆荚，另一只手用来扔土块，踢草丛，吓野鸟，只能重复着这些单一的游戏，以打发难熬的时光。老牛不停地咀嚼，嘴边挂着些许的口水与白沫，它看着我，我盯着它，两相无聊。所以，放牛的时候，祸害一下附近田里的瓜果，摘几个番茄什么的，也就不奇怪了。

有时候兴致来了，也想像古诗写的，来一次"牧童归去横牛背，短笛无腔信口吹"的潇洒。但大腿终是经不起牛皮粗糙的磨蹭，一来二去又痛又痒，好几天走路都成了问题。所以，聪明的我会带上一条蛇皮袋铺在牛背上，这样就可以"骑牛远远过前村"了。

村里有了牛，人就不会倦怠。当春天从村东头老坝河上醒来，时节的鞭子高高地扬起，老牛便开始了一年的躬耕。沉重的步子拖着犁铧，破开肥沃的土地，完成着四时的耕种，收获了圆润又丰满的谷物。年年岁岁，岁岁年年，成全了五谷丰登，人寿年丰。

正午将至，刚刚犁完田的牛热得粗气直喘，口角挂着白沫，脾气变得异常地急躁。如果耕田的人没有及时卸下牛轭，它会拖着犁耙一头扎进河里。还好我手撒得快，不然牛绳会连我一起拽下河。

下了河的牛极其享受。将身体往水里一沉，只留出两只鼻孔在水面上吐着气，溅出点点的水花。田间劳作的老牛身上几乎没有干净的地方，身边蝇虫围绕。这时没进了水里，急得那些牛蝇们围着水面直打转，一下子失去了追逐的方向。

看着老牛舒服至极的样子，我们这些放牛的孩子急坏了。犁耙缠在了水花生上，牛想上岸就难了。如果没被水花生缠住，那就更加危险。牛往河心游去，犁耙像船锚一样钩着河泥，牛会被活活地淹死。

　　遇到这种情况，连村里最有胆量的男人也不敢轻易地下河。他们会找来镰刀，割断了犁耙的绳子。卸去了重量的老牛瞬间轻松了。它用耳朵打着水，驱赶着围绕它的牛蝇，悠悠地向河那头游去。我们则沿着河埂转悠，一刻不离地守着。

　　毒辣辣的太阳下，我感觉自己就是一只无头的牛蝇，在河埂上嗡嗡地瞎转着。

　　叔叔扛着犁耙回来了，气呼呼地将牛轭扔在地上，像受了莫大的委屈。自认为熟悉牛性的叔叔第一次给队里的小牡牛（公牛）上犁。牛轭架上脖子的那刻起，小牡牛就没有给他好脸色看。叔叔隐隐有一种不祥之感。

　　毕竟是老把式了。叔叔挥动鞭子，在空中打了一个响亮的鞭哨，以为小牡牛会听懂他的暗语，迈步向前。没想到它翘起尾巴，淅淅沥沥拉了一长段，那用力的劲，差点将粪喷到了叔叔的腿上。再吆喝一声，它又是一泡长长的尿，把肚子底下的泥地生生地浇出了一个坑。

　　历来懒牛上犁屎尿多，叔叔对小牡牛的伎俩也有预见，算能忍受，毕竟这是第一次上犁嘛。"还小，不懂规矩。"叔叔嘀咕着，"没有规矩不成方圆，看来，不动点真格的，还请不动真神了。"于是，叔叔用鞭子着着实实地在小牡牛的腿上抽了一鞭。这下好了，本来以为迫于鞭子的淫威，小牡牛会有所收敛，没想到它倒威风更起，拼命地摇动脖子，将牛轭摇脱了下来。还转过身来，冲着叔叔，两眼喷出愤怒的火来。

　　叔叔也是第一次遇到这样的情景，一向以深谙牛性自诩的他，一下子被吓着了。他没有想到，这头"青壮小伙子"有如此大的脾气。那天叔叔没再坚持，灰溜溜地放下了犁。当他想牵着小牯牛离开的时候，这个家伙却一动不动，任你死拉硬拽，它自岿然不动。叔叔扛着犁头走出田里的时候，小牯牛就这样一直生生地站着，瞪着他一步步地离开。

听说，后来小牯牛也学会了犁田，但叔叔再也没有使唤过它，他觉得可能他与这牯牛相克。

村里的牛都是水牛，性子温顺，也慢。进出村子都是踱着方步，步步稳健，不疾不徐，很少见到它们叫唤或是奔跑的样子。

但也有例外。

夏末秋至，温和的水牛骨子里的情愫开始萌动，对爱情的渴求从身体一直蔓延到五官、四肢。不远处，有漂亮的母牛从田埂上走过，它哞哞叫唤起来，还抬起鼻孔，用力地朝天吮吸着，生怕丢失掉对方传递来的一丝丝的暗示。这时候，它会突然挣脱牛绳，兴奋地扬起四蹄追过去。

情窦勃发的水牛这时候已经不辨道路了，平时走路小心翼翼，生怕踩坏了庄稼与田沟的它，这时候是逢田过田，逢河过河，不走弯路，只取直线，径直向不远处的小母牛奔去。不远处的俏丽风骚，内心的激情冲动，让它不顾长年的矜持与沉稳，变得生机四溢，力量无穷。再看它的肚皮底下，渴望与激情将它的骄傲催生成一根长长的山药，头子上还缀成一朵殷红的绢花。

这时候，如果有其他的牯牛也赶来争抢它追求的"女友"，两个"男人"间的决斗便开始了。眼白里充溢着血丝，尾巴夹得紧紧的，两对犄角在田野上撞击得"咔咔"直响。两牛相斗，没有人敢靠近，只能远远地观望着，生怕被斗红了眼的牛误伤了。

这种情况下，有经验的村里人会找来布头与棍棒，做成火把。

在熊熊的火烧下，两头公牛才极不情愿地分开。

当它们悻悻地转身离开时，才发现不远处的母牛早就消失在了田野的深处。不知道它们事后会不会后悔，这场冲动的争斗错过了一场原本可以甜美的爱情。

一头牛在田埂上行走，它不知道自己的来路，也不知道将来的归途。早在七千多年前，从人类的先民开始，它就开始了与人类陪伴的旅程。它的要求不多，水草丰美，便是它幸福和满足的时光。水田农人的吆喝，空气里鞭子的鸣响，有牛的村庄，便多了几许宁静与安详。

夕阳西下，暮色渐浓。借着天边的余光，能看出村里人家的炊烟已经悠然地升起了。

牛，该归圈了。

仔细倾听，在它那稳健的脚步声里，有庄稼拔节的声音，有流水清泠的回响，有母亲唤儿的长音，有歌唱丰收的风声。

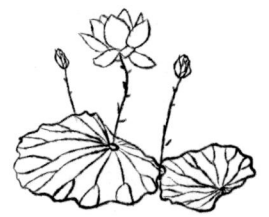

久违了"坝上",我儿时的牧场,你持有一种守衡的力量——四季更迭,守水势之衡;春秋代序,守农时之衡;日作夜歇,守丰稔之衡;生死接续,守人丁之衡;时空缠绕,守乡念之衡。

第八章

稻田间飞扬的"小把戏"

隐隐作痛
别用南瓜叶子
山坡上的那堆火
"坝上",我的玩伴
后门口的烟屁股

隐隐作痛

村东头有条大河,村里都称之为"坝"。河水从十几里外的高骊山上蜿蜒下来,重重过滤,清透得可以倒映出村里挑水人的脸。

瘸子大伯在河边围了一块荒地,种了一片甘蔗。

这是远近几个村子里唯一的一片甘蔗地。在这之前,村里人只是吃过,从没见过甘蔗长在地里是什么样的。这种高个子的植物,特别吸引孩子们的眼球。附近的庄稼一下子就被它比下去了许多。

起初,孩子们以为那只是一片玉米。等到玉米收完了,那片地里还在一个劲地疯长着,茂盛得像一垛碧绿的墙,招摇成远近几十亩田里最高的庄稼。甘蔗叶子在风中招摇着,撩得村里牲口与孩子们的心活泛活泛的。

不知是从哪里得来的消息,村里有孩子悄悄在传,那是一片甘蔗林。

自从心里有了惦记,我们放牛、钓鱼、割猪草总会有意无意地多看上几眼,有时候还会不由自主地多绕一段田埂,走近了看看。

印象中,甘蔗应该是紫色的,他们家的甘蔗叶子怎么那么青?青的甘蔗甜不甜?这玩意儿什么时候才能收割呢……风吹过,甘蔗叶子发出沙沙的声响,孩子们的牙根里渗出一股股的甜味来。

初冬的一天，地上起了霜。村里将大坝两头一截，抽水捕鱼，算是给每家每户分点年货。这条坝河已经十多年没有抽干过了，村里人对这次年货分红充满了期待。那天，村里除了走不动道的，都围到河边去了，当然也包括瘸子大伯。

趁着瘸子大伯在河边捕鱼的当儿，我们当中最勇敢的一位猫着腰溜进了甘蔗田，用脚踩断了一根甘蔗，拖着一口气跑进了村子。我们以为神不知鬼不觉，在看到的人眼里，像松鼠拖了个大尾巴直窜。村里人大都装作视而不见，只有几个大老爷们儿，故意拉长声音冲着我们喊："快跑，瘸子来了。"

那天，我们三个孩子躲在我家的猪圈边上忐忑不安地分享了冒险得来的收获。胜利的滋味激动且神奇。甘蔗虽然不算太甜，甚至还带着水腥味，但很解馋。尤其这种对"战利品"的分享，是无法告诉别人的，只能是朋友间的秘密，心照不宣。

突然有一天，村里一头猪的屁股上插着一根鱼叉在哀嚎着乱窜，那声音比腊月里杀它还凄厉和铿锵。狗被它惊得躲得远远的，夹着尾巴冲着它叫，边叫边退，两腿打战。

瘸子大伯远远地跟着，身子一歪一歪的，边跟边骂：谁家的猪，没人管了，打死你个畜生，赔我甘蔗……受伤的猪只有一个信念，赶快回家。瘸子大伯只要跟着这头受伤的猪，自然就能找到索赔的机会。

那天，猪的主人家门口围了好多人，直到很晚。

散场的时候，母亲突然很严肃地告诫我，离那片甘蔗地远点。"看到了吧！"她指了指那头已经奄奄一息的猪。

听说，鱼叉拔出来的第二天，主人就将猪杀了。那段时间，一听到猪叫，我的屁股就隐隐作痛。

别用南瓜叶子

一个上午，弟弟突然拎回来一条大草鱼，足足有五六斤重。当他扛着鱼竿飞跑着从田埂上飘过的时候，惹得田里干活的人驻足良久，眼睛被他手里的鱼紧紧地牵引住了，有耕者忘其犁、锄者忘其锄的惊艳。

消息不胫而走，左邻右舍的孩子很快就聚拢来了，看着盆里的大鱼头尾高高地翘着，心就开始乱了。不等有人取经，弟弟就自豪地炫耀起来了，这是他的新发明，用南瓜叶子包牛粪打底窝，一下钩就有了这么大的收获。

在野沟里能够钓到这么大的草鱼是件极具诱惑的事情，一年到头也遇不到两次。弟弟的秘方一出来，马上就有孩子抢着去复制这份幸运了。

那时候村里正时兴捡肥发酵，新鲜猪牛狗羊的粪没等风干就被人捡去做肥料了，捡到大堆牛粪的概率就更低了，不亚于中彩票。但孩子们总是有办法的，既然捡不到，就自己生产喽。于是我们四五个孩子一字排开，蹲到路边的山芋田里拉了起来。

开场容易，收场却难。乡下孩子从来没有带纸的习惯。那时候乡下还没有城里人用的抽纸。偶尔只是听说城里人吃饭还用纸擦嘴，大家还觉得怪异与矫情。在乡下只有屁股才用纸擦，还多是作业本或报纸之类的。家里只有来了客人，才会在饭后打盆热水擦把脸。平时，孩子们最多用衣袖抹一下嘴也就算了，所以我们的衣袖经常有点发硬，还泛着油油的亮光。

可是现在，到了田里，眼下该用啥收场呢？还好，周围有大片的山芋叶。但是，邻居家小唐的身边却只有一片南瓜叶子。他没的选择。

那一次，他深切地体会到了南瓜叶子与山芋叶子的区别……

结果可想而知，那次孩子们用自己生产出来的粪并没有钓到心仪的草鱼，倒是小唐站在水塘边上一直坐立不安。大家疑惑地看着他不停地用手隔着裤子在抠着什么。我想，是不是有虫子钻到他里面去了？他也疑惑，悄悄地问我："喂，你们不痒吗？"

小唐对自己的遭遇回顾再三，是被毛毛虫刺了？还是被洋辣子叮了？但似乎都不可能，唯一的解释只有他用了南瓜叶子。虽然痛痒难忍，但小唐还是忍住了。只是从中午到晚上，动个不停，整个人显得特别精神，非常活跃，直到晚上洗了澡以后才稍稍定了点神。

"下次，别用南瓜叶子。"晚上乘凉的时候他好心地提醒我。

许多年过去了，一天，我回到乡下，见到了小唐，突然想起了这件事。上网一搜，"一年生蔓生草本，常节部生根，密被白色刚毛。"这是百度上对"南瓜叶"的解释。遗憾的是，小唐至今可能还不知道，当年让他奇痒难忍的东西叫"刚毛"。但生活经验已经告诉他，山芋叶子与南瓜叶子有着巨大的区别，这种认识是切身体验所得，有城里孩子一辈子都达不到的理解深度。

有人说，乡下孩子野。野就野在他们不懂规矩，敢于尝试，更能忍受。父母们在为生计忙碌着，给孩子吃饱、穿暖了，就没更多的精力来管教他们了，更谈不上生活的讲究了。孩子们在自由自在地长大的同时，也经历过好多父母无法知道的事情，留下了只属于他们的童年回忆。

　　但是我一直相信，什么样的环境就会长出什么样的苗来，唯有适应才能长得茁壮，快乐。乡下孩子就像乡下的蒿草，由着性子长着，长就长得蓬蓬勃勃的，野也野得结结实实的。

山坡上的那堆火

腊月的一个傍晚，村子里一如往常地安详。年的气息在悄无声息地酝酿集聚着。母亲一边准备着晚饭，一边与父亲商量着杀猪、蒸馒头，还有亲戚朋友请父亲写对联的事。

一抬头，村头的土岗上生起了一堆火，火光中有人影在晃动。一把唢呐吹着哀婉凄凉的曲调，听着像在人的后背上浇了一溜凉水。火堆里不时有几声爆炸，火星子朝着四周一划，就没了踪影。那是村里人在"化库"——家人将死者生前的衣物烧给他。

"妈，谁死了？"

"你同学国卫死了。"

"啊？！"

母亲没有停下手里的活，边忙着边说："县里医院不收了，乡里也劝他回家。医生对他爸爸说，这孩子能长这么大已经赚到了，回去能吃就吃好点，没几天了。"

国卫的父亲用平板车把他从乡卫生院拉回来的时候，正好与上街的母亲遇到。母亲与他们打招呼，听到国卫在问他父亲："爸，你不给我看了？"

国卫的父亲是采石场凿石头的工人，和许多乡下男人一样，稍显木讷，双手粗糙，有着一身的蛮力。面对儿子问话，他会怎么回答呢？

　　我想象不出来……

　　国卫是我的小学同桌，长得精瘦精瘦的，深陷的眼眶像着意掏出的两个坑，里面没有光。可能是有先天性心脏病的缘故，他的脾气特别大，稍不如意就会撕别人的书。一次他抢过我的书，一撕两半，扔得老远。我也不是好惹的，抢过他的书，还没下手撕，他"噢"的一声就晕过去了，当场倒在了我的面前。

　　老师抱起他，用教室外喂牛的稻草铺在地上，又掐人中，又抹胸口……过了好久，总算慢慢缓过来了。草垛边的老牛趴在那儿晒着太阳，一边反刍，一边看着我们，一副淡定的样子。后来我们才注意到，国卫的嘴唇常年都是紫的，他和我们不一样。

　　有了那次经历之后，大家都怕惹他生气，啥事都让着他。平时只要不吵不闹，我们还是玩得很开心的，常常忘了他是一个病人。有时候，心存敬畏倒是能让友谊发展得平稳一些，长久一些，波澜不惊一些。不过，有时候早晨起来，我会对着镜子反复查看自己的嘴唇是不是也是紫色的，然后再用牙齿咬咬，直到看到血红色，才放心地离开。

　　小学毕业后，同学们都上了初中。国卫没有再上学，因为最近的中学离村子也有五六里地，他走不动了。打那以后，我们接触的机会就少了许多，但每到周末或是过节，他还会来找我们玩，但少了许多参与。他只是一个人静静地看着我们，小心翼翼地观望着，像一个落寞的老人，更像是一群孩子的累赘。他想努力地追赶上我们这些健康的、欢实的孩子，但终于还是渐渐落了单，他已经开始

侯德剑 画

无能为力了。

他的个子还在长,被拔得细长细长的,风一吹就要折断的样子。

我远远地望着山岗上的那堆火,听着唢呐拖长的哭腔,母亲的讲述在脑海里演绎成清晰的图画。那堆火苗蹿得老高,烟也很大。冲天的火光与夜色形成强烈的对比。唢呐的声音像一种催化剂,将冬夜的悲凉激发到了极致,吹得整个村子的空气都凝成了冰疙瘩。

听老人们讲,如果烟打着旋儿的话,说明那边的人收到了。我希望国卫在那边活得健健康康的。

国卫的五七过后没几天,他母亲到河边洗衣服的时候,一头栽进了河里,就没能救得过来。母亲说,国卫的母亲是放心不下生病的儿子,到那边照顾他去了。

他是我同学中最早离开的一位,没能赶上十七岁的年。

"坝上",我的玩伴

家乡的"坝上",我的玩伴。

在村子东头一里不到的地方,有一条南北贯通的河。村里人叫它"坝上"。我曾经在地图上寻找过,发现它至今无名,至今村里人还是叫它"坝上"。

"坝上"的水一年到头都是满盈盈的,从北向南,顺着丘陵由高向低地缓缓流淌。为了留住这一汪清水,村里人借着地势,隔几里打上一个坝,坝的上游就形成了一个巨大的水面。而溢过坝的水,继续向下,一级一级地流了下去。我想,这或许就是"坝上"称呼的由来吧。家乡水道纵横,河塘更多,有的时候,村里人为了区别于其他的水塘、河沟,会在前加上几个字来确定方位,如"东首里坝上"。

坝上的水极清,清到水底的草、游动的鱼一览无余,清到水底能映出透亮的云彩天光。村子最早的自来水,就是用一根泵子直接插到河中央,抽上来的水甜了几百户人家。

坝埂边上,长着连片的水花生,再往中间,铺满了菱角。菱角间隙生长着一丛丛的"紫碟碟"。再往中间就是大片大片的水面了。"紫瓋瓋"是村里人的称呼，直到前不久，我才知道它的学名叫"鸡斗米"。宽如席盘的叶子紧紧贴在河面上，叶面长着尖尖的刺。长成花苞形的"紫瓋瓋"尖尖的嘴巴绽出水面，半张着，像出水透气的黄鳝嘴，露出紫色的内瓤。我们怕刺扎手，常常用竹竿绑上镰刀，一钩，便到手了。说实话，味道实在不佳，远没有莲子、菱角清甜，更没有河藕脆爽。再加上它有刺，只有实在馋得不行了，才去招惹它。

记得那年，我扛着家里的木澡盆到坝上去摘菱角。以盆当船是个技术活，不是谁都可以操控的。邻居的女儿借坐了一下，连人带盆一下子翻进了水里。河水那个清啊，我看着她在水底像青蛙一样，东一把，西一把，胡乱地抓着苇草上了岸，那情景比今天在海底世界看美人鱼表演还要清澈透亮。拉她上来的时候，她还在一个劲地傻乐，像城里孩子坐过山车一般地快乐，丝毫没有吓到的意思。我们这些乡下孩子类似的惊吓见得多了，见怪也就不怪了。胆子也在惊吓中慢慢变大，渐渐也就有了承受的胆量与勇气。

春天来了，各式各样的鱼儿会在水花生和苇草间撒子，我也扛着一根竹竿在近水处钓鱼。看着水草间这里一阵"哗啦啦"，那里一阵"哗啦啦"，心都被鱼摇活了。

河边青草、野花散发着香气，不远处油菜花在微微地摇曳，偶尔有土蜂从耳边悠悠地飞过。在这悄然而至的春天里，四周不断传来各式的鸟鸣。麻雀短促清脆的聒噪，夜莺喉咙里的咕嘟，杜鹃的咕咕叫，还有那发情的野鸡咯咯地从这片田里忽地飞落到了那片田里，焦急地呼唤着异性。风轻轻吹过河面，织出细细的纹路。阳光暖暖地照着，照得人恍恍惚惚，呆呆傻傻。不知不觉，竿儿撒了手，人儿睡着了。

到了夏天，抓鱼摸虾的人多了起来。一阵暴雨过后，河里、田里满满的都是水。站在坝头上，用鱼钩串上一条小鱼，在瀑布一样冲过坝头的水里晃来晃去，一不小心就能钓上一两斤重的白条。

溢过坝头的水，将坝下冲出一个深深的潭，水深清凉，还没有淤泥。这里是我们最好的浴场。中午时分，半个村子的孩子都来这里，水面上浮着一个又一个小小的脑袋，像漂浮在水里的葫芦。跃动的光溜溜的身子，泛着黑乎乎的光。一抬头，河坡上塌开了谁家的老坟，土里还嵌着半个骷髅，吓得水里的葫芦们一下子闪开了，留下泛起的泥花在水里一圈圈地荡漾着。

至于秋天，坝上两岸是金黄的稻田，坡上是各家的自留地。各种果蔬褪去了花朵的盛装，结成了沉甸甸的果子。冬瓜、葫芦、瓠子、茄子……长得比吃得快。母亲经常挎着篮子，逢人就说："拿点回去吃吧，太多了，再不吃，就老了。"这个时节，孩子们谁没在别人家的地里摘个瓜、摸个果呢？

坝上两岸成了巨大的蔬果园。村里人是不会上街买蔬菜的，就连鸡鸭都能自给自足。偶尔上街挑来几斤肉，家里的萝卜、土豆齐全，稍稍一配，就是一盘农家的美味。坝上清凌凌的水，滋养了村子里的庄稼，丰富了农家的餐桌，也快乐了孩子们的生活。

快入冬了，河里的苇草已经壮成了绳。用两根长长的竹竿，伸到河里，一夹，再一绞，一丛苇草就被拉上了岸。将苇草挑回家，晾在晒谷场上，就成了最好的饲料。入了冬，家里的猪、羊没了草料，就开始吃这些河鲜了。如果再剁碎一些，拌上米糠、剩饭剩菜，还可以喂鸡喂鹅。看到大人们到河边拔苇草，我也会带个一根钉耙，悄悄伸到河边水花生的边上，猛地一拉，将水花生拉上岸的同时，还带上来没来得及逃跑的小鱼小蟹。运气好的话，还可以拉上正在打盹的黄鳝呢！

　　那年春节前，听说十多年未清底的坝上要抽水捕鱼了，我们巴巴地盼了好几天。看着大人们用竹篮、夹网在半人深的泥里抓鱼，心里像猫抓一样痒痒。村里一个弄鱼人扛着他的牛头网来了。两根竹竿头上系着一张半月形的网，一撒，再一拎，鱼就入了网了。只见他用力一撒，再一拎，便大喊起来："有大家伙，大家伙，大家伙。"大伙儿急急地围拢过来，盼着"大家伙"出水的一刹那。"出来啦！出来啦！"大家跟着喊了起来。只见两条手臂粗的赤练蛇，在他的网里纠缠着、翻滚着。弄鱼人手一软，竿一扔，拔腿从泥里直往岸上蹿，魂都快丢在泥里了。岸上的大人孩子们也吓得一哄而散，逃跑中笑声溢满了坝上，飘得老远、老远。

　　有时候我在想，自己或许就是一粒蒲公英的种子，由一双无形的命运之手播种，扎根在了这个坝埂上。一旦出生，就再也不会离开。我们享受着那里的草木、阳光，在坝埂上奔跑、戏耍，我们捉迷藏，我们放牲口，我们打仗，我们游逛，我们几乎跑遍了村子的每个角落，翻遍了村子的每一寸地皮……或许家乡的"坝上"就是我的精神原乡。任日后蒲公英的飞絮飘向哪里，根总在发出回来的呼唤。

　　久违了"坝上"，我儿时的牧场，你持有一种守衡的力量——四季更迭，守水势之衡；春秋代序，守农时之衡；日作夜歇，守丰稔之衡；生死接续，守人丁之衡；时空缠绕，守乡念之衡。

　　水是庄稼人的定力与后盾，更是庄稼人的依赖与命根。村里人用心地守着坝上，守得它水青岸绿，鱼虾肥美，藕壮菱香。守住了坝上的这一汪清水，也就守住了四时的丰收，守住了生活的希望，守住了对日子的盼头。

　　下次回去，一定要到"坝上"坐坐，叙谈叙谈。

后门口的烟屁股

新来的老师是个老头，姓沈，名正奎。为了这个"奎"字，我还费劲地查了字典，可一转身还是忘了。我们私下里就叫他"沈老头"。

沈老头是个瘦高个，瘦得发干。颧骨高耸，托着两只小眼，看上去贼亮贼亮的。脸上没有肉，深陷着的两颊可以藏得下两只鸡蛋。下巴上黑黑白白的胡楂像插了一圈大头针。

沈老头的数学课教得好，但每天铁定只上一半，然后就让我们做练习。而且要求课上必须做完，不做好不许上厕所。这种办法在当下叫作体罚，但在当时对乡下孩子特别管用，因为下课不能玩是件要命的事情。有几个想试探他底线的同学下课后被拎进了办公室，半天都没回来，这给我们全班同学一种生死未卜的不祥之感。

那时我们的教室在围墙角上。到了冬天，只有临近中午的时候后门口才会有些阳光。大家做练习的时候，沈老头就会拖一张靠背椅子放在后门口，在太阳底下点上一根烟。他那刀削一般干瘦的脸，在阳光的照射下阴阳分明。不一会儿工夫，后门口就是一摊烟屁股。

阳光暖暖地晒着,青烟悠悠地从他的头部飘过来,一会儿朝外,一会儿朝里,漫无目的地扭来扭去。偶尔有飘进教室的,女同学会用本子用力地扇几下,皱着眉头,狠狠地瞟上他一眼。沈老头依旧在阳光下半眯着眼睛,一副比吃肉还满足的样子。别看他半梦半醒地斜躺在那里,耳朵却像猫一样竖着。教室里只要有一丁点儿动静,他那含着老痰的嗓子就会干咳两声,教室里唰的一下就安静了。

下课铃一响,不用他言语,就有几个同学麻利地搬凳子,扫地,一切恢复得迅捷又自然。

那时候,班主任的侄女和我坐同桌,常常表现出皇亲国戚般的野蛮。她用粉笔在桌上画了条三八线。这是根高压线,只要我稍稍超过一点,就会受到突然袭击。班主任的侄女,动手反击绝对不可以的,何况我还是班长。但积郁已久的怨气总得要找机会发泄一下。

终于有一天,与我保持距离的她远远地坐在条凳的那头。机会稍纵即逝,我猛地起身,条凳噌的一下就翘了起来,她一个屁股蹲儿坐到了地上。

乡下孩子到底是结实,她竟然弹簧一样毫发无损地跳了起来,然后抓起我的书就扔了出去。靠在后门上晒太阳的沈老头突然醒了,用干涸的烟嗓子吼了一声。好在有这一嗓子,一下子将同桌高举的手定在了那里。稍晚一秒,我那伤痕累累的文具盒又将经历一次粉身碎骨,更不知道接下来还有哪些东西会遭遇怎样的横祸。听到沈老头这一吼,同桌立即变得小家碧玉起来,一屁股坐在了地上,不偏不倚,正坐在倒下的条凳腿上,看着都钻心。这下可能是真弄痛了,她哭天抹泪地讲述她遭受的委屈,语速快得我竟插不上嘴。

没想到的是，看起来糊涂的沈老头在她哭诉完后，还是命令她把书给捡了回来，让我顿觉赚足了面子。我甚至能感觉到，全班的男生都向我投来扬眉吐气的目光。也是从那以后，我再也不觉得沈老头含着痰的咳嗽声难听了，甚至还觉得有些悦耳。

"这是我遇到的最有正义感的老师。"我在心里这样对自己讲。

从那以后，我总希望能为他做点什么。比如，哪天他忘了带火柴，我会主动帮他溜到办公室悄悄拿出来，下课时抢着去拿扫帚……

那事发生的第二天一早，我的班长职务就被撸了。

再过了两周，我又继续做了班长，只是不再与班主任的侄女同桌了。

沈老头和班主任都在课堂上专门来摸过我的头，好像有话想讲。

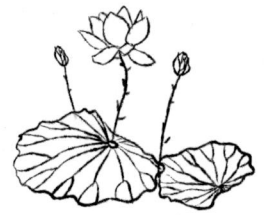

那时的半饥饿状态于我来说,恰恰是一支生长剂,催生着成人意识的觉醒,精神的断乳可能就是从那个时候开始的吧。

第九章

透过时光看影像

龙尾扫过村庄

为了初恋

咸菜烧肥肉

百米滑翔

炊烟何处

嬉塘记

享受固执

稻麦不言

肤兮,福兮

龙尾扫过村庄

十七岁那年，我考取了师范。

虽然不是村里第一个考出去的孩子，但着实是件值得庆贺的事情。用母亲的话说，不用再种田，不用再过面朝黄土背朝天的日子了。按村里的"规矩"，家里得办上几桌。

吃酒席，可能是人们表达情绪最直接，也是最实惠的一种方式。农村人这样，城里人也是这样。丧事喜事得吃；嫁娶过寿得吃；就连杀个猪、宰只羊也得吃。吃的过程与式样可以有差别，但吃的心情大致是相似的。刚才还在笑得前仰后合，或是哭得地覆天翻的，上了桌却总能记住菜是几盘几碗，厨师的手艺是偏咸偏淡。吃，是大家能够均享的一种纪念方式；吃的人越多，这份纪念与影响就越大。

家里请客那天异常地闷热，亲戚朋友来了好多。我家里坐不了几桌，就分散着坐到了邻居的家里。这已经成了一种习惯。村里人家办事，自家坐不下了，就坐到几户邻居家里。客多菜就多，每道菜的工艺流程又不同，于是一顿饭要劳烦几家的灶台。自家厨房炒菜，东家灶台焖肉，西家灶台煮饭。一来二去，左邻右舍帮忙的比亲戚还多。这种不请自来的主动在城里已经鲜能看到了。人与人之间的稔熟可能只有双脚沾着泥地的时候才能延续。进了楼房，分了上下，也就断了根了。

开席的时候，爷爷死活不肯来家里吃饭。他一个人孤零零地坐在不远处的水塘边，提着一根亲手做的鱼竿，发着无声的闷火。凭着高出县重点中学四十一分的成绩，我完全可以选择一所当时非常时髦的中专，而不是师范。或是直接读县高中，将来考大学。他对母亲悄悄偷改我的志愿一直找不到合适的时间来表达不满。

爷爷做了一辈子的小学老师，在那些特殊的岁月里饱尝了职业的辛酸，他不忍心孙子再走自己的老路。他默默地守在河边，谁喊也不搭理，用倔强的"碍眼"无声地抗议着，背影里面充满了对孙子未来的担忧。奶奶则完全不同，她忙前忙后张罗着，说："别理这死老头子，饿死算了。"

那天午饭一过，天突然就变了，毫无征兆地。狂风夹着暴雨从天上砸了下来，房前屋后瞬间成了汪洋。我家那可怜的瓦房在倾盆之下，根本无力招架，漏得像只筛子。请客用的大盆小碗全都用来接雨了。客人们有的蜷缩到了墙角，有的干脆撑着伞挤到门前看天。这是一场少见的暴雨，壮观得像是要把整个村子冲走。

事后才知道，这是一场几十年都未遇到的大暴雨，村子里所有的田都淹了，一眼望去，没有了田埂，一片汪洋。听奶奶说，那天正巧村里有个老人出殡，送葬的队伍都被暴雨冲散在了半道上。棺材不能走回头路，四个抬棺材的无路可退，又经不起风的摇摆，就只好将棺材抬到了河里，借着淤泥才没被狂风卷走。暴雨中，抬棺材的人看到了一条龙尾扫过了村子的边缘，几户人家的房顶一下子就被掀翻了。

后来的几天，村边有好几家在修房子。母亲说，请客那天涨水，表明将来孩子会有出息！不过，她也悄悄搬来了梯子，用砖头把房顶四边的瓦压了一个遍。这些砖，至今还躺在老宅的屋顶上，一晃过去了三十多年。

为了初恋

师范二年级那年,从上届转来个病休生。他是我邻村的孩子,姓谢。

初来乍到,白白胖胖的,五短身材,肉脸常笑,似乎与愁怨绝缘,见之则能忘忧。今天看来,像极了电影里的功夫熊猫,很讨人喜欢。走起路来像企鹅,身上的肉一晃一晃的,肥得圆润又松弛。

可是,这种好感没能维持几天,装出来的矜持没过几天就露馅了。

他坐在临窗的第一个座位,一下课,转身就开始亲后面的同学。不论男女,抓住就在脸上亲一下。毫无防备的女生被亲得都蒙了,随即拿书就打:"流氓,流氓。"男生身手敏捷,跳着就逃开了。开始以为他是在开玩笑。后来次数多了,才看出他的这种行为还很坚持,他会很执着地按组挨个亲下去。如果遇到反抗,就重重地打对方一下。

他的行为越来越让大家难以接受了。午休时,他大模大样地拿张条凳睡在黑板报的下面,侧卧着,呼噜打得震天响。醒来后,凳子上一摊口水,清澈又黏稠。未及流下的,长长地挂在了他的嘴角上。

晚上回到宿舍，不知他从哪儿弄来了生鸡蛋，开水一冲，搅搅就一饮而尽，腥气半天都散不尽，闻得人直反胃。半夜里，他会站在你的床头，弯下腰，把脸贴近，盯着你看，把睡觉的同学吓得从床上弹了起来。更过分的是，有时他会站在底床同学的床头响亮地撒尿，氤氲的臊气几天都在萦绕。

他高我一届，当年能考进师范的孩子一个乡也没有几个，所以我听说过他。因为按捺不住爆表的荷尔蒙，他悄悄给班上暗恋的女生塞了一封求爱信。胆小的女生将信交给了老师，老师在全班公开他的情书，还责令他在全班公开检讨。

那天晚自修后，他背着黄书包，在操场上跑了一夜……

再后来，他被送进了精神病医院。

因为是邻村的老乡，我经常护送他回家。他父母不放心他一个人乘车，经常让我在车站等他。一来二去我成了与他接触最多的人。他忽好忽坏，清醒的时候他告诉我，医院里会把他绑起来，用电麻他，说他疯了。他说，他根本没疯，他有神奇的力量，什么都不怕。他说得轻描淡写，我却想流泪。

再次发病的那个晚上，他又背着黄书包在操场上疯跑。班里六个男生才勉强把他拉进了教室。他精神异常地亢奋，右手高高地举着，打着响指，叫我们别碰他，他要发功了。后半夜的时候，我们熬不住地睡着了，他还保持着那个姿势，自说自话，精力旺盛得像台发动机。我守在门口，不让他再逃出教室。他坐在桌上，发着功，冲着我傻乐……

毕业后，我被推荐去上了大专。听说他被分配到一个很远的乡下，与班上的两个同学在一起工作。白白胖胖的外表掩盖不住精神上的麻烦。当时学校只有一口锅,得先烧菜,后烧饭。有时饭没好,菜就被他偷吃光了。更危险的是,他带着孩子们到河埂上拔河,把校长的胆都快吓破了……

在他回家退养的日子里,我去看过他一次。那天刚下过暴雨,听说我来了,他从秧田里跑来,泥人一样地出现在我面前,手里还捧着一条大花鲤鱼。他还认得我,叫我留下来吃饭,说要请我吃他捉的鱼。说完,用力地在鱼身上亲了一下,带着泥的嘴巴呵呵地笑着。

那是我第一次去他家,看到了他从小到大一墙的三好生奖状。那也是我最后一次见他,那乐呵呵的样子烙在心里像一根再也拔不出来的刺。

一年后,听说他不见了,无声无息地失踪了。自此再无人会想起。他去了哪里?过得怎样?是不是还一如既往地无所畏惧?没有人想过,包括我。

就像他的初恋,什么时候来的没有人在乎;什么时候走的,也没有人知道。

咸菜烧肥肉

进了师范，才知道这是一个有生活费发的地方。每月28斤粮，20来块钱，相当于拿工资了。回想起来，母亲当初偷改我的志愿，很可能就是冲着这些福利来的。在一个经济很是拮据的家庭里，一点点的来去，就会相差很多。何况我还有个弟弟，眼看着也要初中毕业了。经济的压力像勒在父母脖子上的绳子，稍稍松一些，呼吸起来就不那么费力了。

从进校起，父亲每个月给我60元生活费，这是一笔沉甸甸的费用，接近父亲一个月的工资了。我第一次手里握有这么多的钱，还紧张得有些不知所措。

这种喜悦的紧张转瞬即逝。没过几周，钱就不够了。学校隔三岔五收点小费用，练字画画还得买笔买墨买颜料，就连买饭票除了要有等值的粮票之外，还得加钱。所以，刚进师范那段日子，还没有领悟到"书到用时方恨少"的深意，我倒对"钱到月底不够花"感受强烈。

为了省点菜钱，周末回家，我让母亲用晒干的咸菜烧上肥肉，塞了满满一大瓶子。必须得是肥肉，咸菜吃油，瘦肉进去没几天就硬得像渣子了。肉的油性浸润着咸菜，是下饭的绝配。随着深秋走向冬季，这一瓶菜可以让我吃上两个礼拜。冷肥肉配上热米饭，猪油融化渗透进了米粒，一颗颗亮晶晶的，散发着咸咸的香，能勾诱出喉咙底部沉睡的馋虫。那时候的男同学，一个个像饿狼，有饭没菜也能啃个两大碗，何况咸菜里还有肥肉丁？我这一瓶子咸菜烧肉，聚焦了宿舍里所有男生急不可耐的目光，也为我攒下了不错的人缘。

　　钱是省下来了，但饭票还远不够。每当晚自修下课，食堂有烂面糊糊卖的时候，我就会纠结，到底吃还是不吃呢？饿的时候，我会特别羡慕宿舍里那位老乡，他一次一顿就吃了一斤二两米饭，撑得坐都坐不下来了，直挺挺地躺在床上，哼哼唧唧的声音里尽是满满的快感。那天，他撑得连晚自修课都不用上了，这是一种怎样的幸福啊！饿的时候，我就想，哪天我也这样撑得不能动，直直地躺在床上哼哼。

　　从农村刚进城里，胃大，又缺油水，饭量不减反增。一顿四两饭几分钟就下肚了，六两才勉强有饱腹感。好在班上有几个女同学喝水也怕自己长胖，公开无偿地接济男同学，这样的施舍充满了诱惑，我当然没有拒绝的理由啦。

　　现在想来，其实那时并非真的穷到了吃不上饭，而是自我意识在悄然地觉醒。总想逼着自己节约，不愿父母再为自己上学的费用去东拼西凑。那时从牙缝里省的几个钱，全变成了一本一本字帖，直到今天还静静地躺在我书房的书橱里。那时的半饥饿状态于我来说，恰恰是一支生长剂，催生着成人意识的觉醒，精神的断乳可能就是从那个时候开始的吧。

  那年，老师又在讲台上细说着鲁迅先生关于孔乙己的文章；那年，我只有不到九十斤，瘦高的，嶙峋的，黝黑的，笔直的，套件长衫就能飘起来。

百米滑翔

在人生的成长阶段，总有一些记忆是抹不去的。这些与他人无关，只适合装进自己的背囊。

1992年春节临近的时候，雪下得很大，异常地冷。学校的自来水连续一周没有开冻。学校决定休课两天，我就利用这难得的休假给父母和弟弟置办了新年的礼物——三双"耐克"鞋。当时我并不知道什么叫"耐克"，也不知道那鞋是假冒的，只觉得那么白、漂亮，穿在脚上应该好看。

临近放假的时候，父亲托城里的朋友给我捎了辆二手的自行车，六成新，28寸，骑起来链条盒哗啦啦地直响。尽管如此，这已经是同学中不多有的奢侈品了。

天寒地冻，回家的班车都停了，我决定骑车回家。

二十多公里的丘陵公路，冻得像冰疙瘩。出了镇江城，有一个大大的斜坡，足有两三里长。平日里，这样的斜坡骑车最舒服不过了。一脚镫子下去，车子一溜到底，风嗖嗖地从耳边穿过，惬意又风凉。可是今天不同，冻得像镜子一样的路面，只身走着还得甩开两条膀子找平衡才行。

我小心地用脚蹬着,只在稍有摩擦的路面上才敢用力蹬上几脚。可是,就这几脚一蹬,车子越滑越快,紧接着就横着倒了下来。

倒下的瞬间,我知道完了,干脆把手脚翘起来,让后背在地上像雪橇一样地滑了下去。车在后,我在前,一滑就是一百多米长。可能是瘦子更适合滑翔,我像儿时在冰面上打的瓦片,一路无遮无挡的,滑得连旁边的路人都发出了幸灾乐祸的尖叫。

当我再次爬起来的时候,整个人像经历一次过山车,飘飘然,晕乎乎的。赶紧再看,车在半坡上,行李和那三双"耐克"鞋还在坡头上躺着呢。

原本一个半小时的车程,我花了五个半小时才回到家。奇怪的是,这一路上我没有感到丝毫的辛苦与委屈,倒觉得越走越勇敢,越走越坚强。心里当时只有一个信念,那三双"耐克"鞋是我第一次给亲人的礼物,就是推着车也要送回去。这是一个男孩微弱的自尊——父母如果喜欢的话,就可以抵消我一学期里所有的忍耐。这份自尊让我在后来的日子里变得独立,生活是不会让一个孩子白交学费的。

当我突然出现在家门口的时候,天正擦黑。我的衣服从里到外都湿透了。一半汗水,一半雪水,还有半身泥浆,狼狈得像个讨饭的。母亲借着昏黄的灯光,用惊愕的眼神看着我,半天没缓过神来。

我兴冲冲将那三双"耐克"鞋拿了出来,告诉父亲我口袋里还有钱没有花完。母亲没有说话,转身跑到灶台前为我做水泡蛋去了。一边烧火，一边抹着泪。父亲用一种近乎骂人的腔调对我说："谁让你乱买东西的，给你吃饭的钱，你买这些没用的东西干什么？"只有弟弟一把抢过了鞋，快乐地开始试大小了。

那天吃水泡蛋的时候，父亲和母亲一直守在桌子边上，不说话，只是用力地看着，看着我狼吞虎咽，看得我心里暖暖的。

炊烟何处

炊烟，有根。

炊烟的根在屋子的灶膛里。什么样的柴火烧出什么样的烟，三餐有别，四季不同。

麦草火旺，不经烧，烟也淡，一捆麦草烧不了一顿饭；稻草火稳，烧得慢，烟浓灰还多；黄豆秆、棉花秆、灌木、劈柴，火势大，耐烧，是柴火中的上品。金贵的柴火平时舍不得用，只有等到蒸馒头或是磨豆腐的时候才会拿出来。日子得算计着过，常在有时想无时，乡下人烧柴火也能看出什么叫节俭。

在古今的诗词文章中，提到炊烟的大多在傍晚，伴着夕阳，伴着归影。其实，村子里的炊烟，一日三餐如约而至，次次不少。不知道为什么文人笔下的炊烟喜欢升起在黄昏时分。

晨起的炊烟是悄然而至的，默默地揭开了村子新的一天。赶早的人家，明月还在当空，启明星还没有隐去，灶台已经萦绕着氤氲的热气了。早起赶路的人能踩到草叶上最新的露珠，也能看到清晨的第一缕阳光。乡下人的早餐没有城里讲究，但比城里重要。红薯、稀饭，抑或是昨天隔夜的面条、剩饭，将就归将就，但必须吃饱。早饭不吃饱,下地干活是熬不到中午的。影响了肚子是小事,耽搁了农活可不得了。

这时的炊烟消散在黎明到来前的黑暗里,引不起人们的关注,却保障了乡下人的健康。如果能够从空中往下看,这时候的炊烟是村子上空流动的墨迹,在早起人家的屋顶上写着大大的勤劳。

午间的炊烟通常是靠耳朵听,或是用鼻子闻出来的。村里的有线广播响起的时候,就是家家淘米做饭的时候了。上百户人家几乎在同一时间生火做饭,村子里就充满了烟火味。

这是只属于人间的味道。各色的炊烟,或浓或淡,或急或缓,或粗或细,或柔或烈,飘过你家的屋顶,绕过他家的窗台,携带着菜香、油味,伴着锅铲的叮叮当当,村子到处是柴米油盐的居家气息。经过邻居家门前,母亲会故意放大声音说:"哟,今天又开荤啊!"对方一定会从灶台上探出身子来回上一句:"中午在我家吃饭。"虽然是客气话,但情义就像家家在吃的菜籽油,百分百是真的。每天午间放学,远远地望见家里烟囱冒着烟,心里就有了盼头。有时母亲午饭烧晚了,我和弟弟就围着灶台大哭。

乡村的夜晚是从炊烟开始的。当夕阳将树梢和屋顶的影子拉长的时候,一缕缕炊烟便慢慢地腾了起来。村庄开始走向平静,饭菜的醇香在邻里间四溢。无风的夜晚,炊烟纤纤柔柔,向上,再向上,丈量着天空与村子的距离。当天光背景由亮慢慢变暗,炊烟也由有渐渐变无。如果遇到满天的霞光,绚烂的色彩下,村子上空就多了一种人间的颜色。至于阴雨天,炊烟像留恋屋檐的孩子,漫过屋檐,穿过屋脊,缠来绕去,久久不肯散去,整个村子就笼罩在了淡青色的烟雾里,朦朦胧胧,缥缥缈缈。

炊烟是回家的信号,再调皮的孩子,只要看到烟囱开始冒烟了，就知道该回家了。鸡鸭鹅闻到烟味，也晃晃悠悠地从四面八方聚拢来，走向自己的小窝。零零散散的农人从暮色中走来，扛着沾满泥土的铁犁、锄头，踏着炊烟的节奏，步子温馨安详。

很小的时候我就喜欢看奶奶家灶头上的供品。腊月二十三那天，炊烟从灶膛里起程，微风给它鼓劲，它便长成了迎风展翅的飞马，驮着灶王爷到玉帝那儿为一家人美言。这时的炊烟就有了祝福的意味，玉帝在天，灶爷在地，一缕青烟就是联结天地的旋梯，祈求着家人的和乐安康。

"上天言好事，下降保平安"，炊烟的根在母亲的灶膛里，有炊烟的地方才是家。

好长时间没有再见老家的炊烟了，不免有些思念。

人自从吃上第一口熟食，炊烟就与之朝夕相伴。晨起，目送下田；黄昏，迎接回家。日出而作，日落而歇，炊烟是乡村的计时器，也守卫着乡村的平静与安稳，四季轮回，代代相续。乡村有了炊烟才有了灵魂，诗人、画家、音乐家能写出炊烟的美妙，却掂不出它在人们心中的分量。少了炊烟，村庄就像一幅失了颜色的画卷，就仿佛断了篇的电影，就像是迷路的孩子……

我有种隐隐的忧患，城镇正在蚕食着乡村，现代与传统越来越泾渭分明。城里的液化气和煤气灶产生不了炊烟。会不会有那么一天，农村的土灶和炊烟也成了非遗，成了只存活在教科书里的记忆？乡村的气息消失在了城市的油烟和烧烤味中——炊烟超脱成了一种意象。那天果真到来的时候，"雨后千山净，炊烟处处新"的景象又将何处可寻呢？

炊烟不是风景，是岁月；它蕴含着温暖，寄托着牵挂。

炊烟，是家。

嬉 塘 记

一

家乡多水塘，每个在村子里长大的孩子都有一段水塘嬉戏的记忆。

尤其是男孩，对水的向往是与生俱来的。夏日刚到，枝头的知了才叫出第一声，就是可以下塘嬉水的时候了。

村子周围散落着十几个水塘，但大人们觉得只有离家近的水塘才是安全的，所以只允许在村口的镜厢塘和七亩塘里玩。这是两个深不出两米的水塘，平时淘米洗菜的人络绎不绝，嬉水的孩子走不出村里人的目光，这也是大人们放心的原因吧。

镜厢塘水浅，最深的地方才没过人头。平日里不仅村里人来洗洗涮涮，连鸭子和大鹅也会在这里游弋，所以偶尔也会在水里摸到它们下的蛋。因为地势高，镜厢塘担负着开沟浇田的重任，所以塘里的水经常是浅浅的。那时的水还真清。清晨起来，沿着放水的小沟走，水草间静静地排列着手指粗的河虾。一次偶遇，我竟捡了小半脸盆。

我们喜欢站在镜厢塘淘米洗菜的码头上一个个往水里跳。这样折腾几个来回,水就被激得黄泥直泛,连鲢鱼都此起彼伏地跳了起来,有的还撞到我们的额头上,或是干脆跳到了河埂上。通常这时候会招来一片骂声。村里的妇女见码头上的水不能洗衣洗菜了,一手叉着腰,一手拿着棒槌,冲着我们直挥:"滚远点,再把水弄混了,我敲死你个小鬼三。"

"小鬼三"是村里人对调皮孩子的代称,表达了咒骂的情绪,却并不恶毒。通常遇到这种情况,我们也只能悻悻地走开,不然很快会有人去叫家长来收拾我们。

二

村南头的七亩塘地势低,常年水满满的,清澈透亮。正午时分,村里人开始午睡的时候,正是我们脱得一丝不挂溜下水的时候。

村里孩子的游泳不用学,都是在呛了几口水之后学会狗刨的。当然,有水性好的还能仰泳、踩水,躺在水上一动不动也不会沉。更有厉害的,一只手举着自己的衣裤,另一只手就能划过河去。

我是被骗着学会游泳的。邻居比我大的孩子,用手托着我的下巴,让我用力地划。慢慢到了河心,他一松手,我一下子呛了好几口水,本能地四肢乱划,不知怎么的就从河心游回了岸边。惊魂稍定之后,才发现求生的本能可以让我很快地学会狗刨这门游泳技能。很多孩子的游戏技能都是像我一样在经历了惊吓之后学会的。那种鼻子里进了水的酸爽感,没有呛过水的人无论如何是体会不出来的。

我们在水塘里嬉戏,村里更小的孩子就是粉丝和观众。他们小,不敢到河中心游泳,只好帮我们看管衣服裤子。看的时间长了,胆子也会渐渐大起来,但也只敢趴在河边,双手抠着河边的泥地，两条腿拼命地打着水。两个屁股蛋像葫芦一浮一浮的。

夏日的中午经常会有雷暴雨。突然间乌云四起，狂风大作。天暗下来，水面就会更暗，显得阴森恐怖。还没来得及逃跑，雨就已经下来了。几个逃上了岸的，被风一吹，冷得要紧，又缩回了水里。此时的水里比岸上暖和多了。再看那几个在水边划拉着腿的小家伙，竟也没有逃走，像被雨水浇呆的小海豹，硬生生地顶着风雨坚持着。幸运的我将准备装河蚌的木盆顶在头上，雨点打在盆底发出"咚咚"的声音，像音乐，又像忐忑不安的心跳。

一阵风过，雨停了，几个孩子的父母追到了水塘边。刚出水的屁股打上去清脆响亮，声音掠过水面传到我的耳边，有麻酥酥的疼痛感。叽里呱啦的哭声顿时溢满了水塘。责骂声中，一位父亲言之有物："你看，小卵泡都冻缩起来了，再冻就没得用了！"被骂的孩子低头看着，我能感觉到他内心的惊恐与焦虑。他双手捂着小弟弟，赤着脚，一边哭，一边往家走。光溜溜的背影像一只站立着行走的小猪崽。

三

七亩塘的淤泥很深，藏着大过盘子的河蚌。有时候母亲不让我们下河，我们就以摸河蚌为名，多少能动摇母亲的决定。

摸河蚌很能考量耐心与水性。先得用脚轻轻地在淤泥里踩探，太轻踩不到河蚌，太重容易划伤了脚。脚在淤泥里地毯式地探寻，身边就泛起了大大小小的气泡，贴着身体，痒痒的，散发着腐朽的味道。探到了河蚌，一个猛子扎下去。当头再浮出水面的时候，河蚌就得手了。有些技术了得的大人，见我们在水里玩得开心，也来凑热闹。他们用脚趾就能将河蚌夹上来，惹得我们羡慕不已。

见木盆里的河蚌渐渐多起来了，水里的玩兴也快尽了，就三三两两地上了岸。再看一个个的身上，披了一身薄薄的绿苔，手一抹，脏脏的一层。在接下来的日子里，皮肤厚的还挺得住；皮肤薄的，能痒好几天，有的还要去医院打针或擦药膏才能见好。但这些都不可怕，可怕的是大人不许我们下水了。

河边帮忙看衣服裤子的小屁孩们，晒得滋滋冒油。分几只河蚌给他们，便更加激起了他们下河嬉水的欲望。

四

嬉水的快乐还在延续。上了岸的河蚌成了母亲的难题。在老家，河蚌是一道上不了台面的菜。说它上不了台面，是因为客人来了，从来没有用河蚌做菜的。它只能是自己家里的自娱自乐。家乡人的菜谱中猪肉、鸡鸭鹅是大菜，河鱼海鲜因为味重，进不了家常的菜谱。母亲对河蚌的烹饪显得有些为难，但她还是尽力地琢磨着方法，红烧、烧肉、烧青菜、浇汤……无论哪种似乎都去不了蚌肉的腥味。很多时候，河蚌刚进家，就被母亲送给邻居了。对于母亲这样的做法，我们并不反感。只要能让我们下水游泳，至于河蚌嘛，只是副产品，只是我们与水相亲的一种借口罢了。

当然也有被母亲赞许的时候。家里养了几只鸭子。每次嬉水过后，顺手从码头的石头上抓上几把螺蛳回来，几只鸭子就争着抢吃我们敲碎的螺蛳，一口一只，争先恐后。吃到高兴处，还"嘎嘎嘎"地叫上几声，扇动几下翅膀，似乎体重也在迎风增长。母亲见鸭子吃得开心，也就不追究我们私自下水的错误了。有时候，鸭子在水塘里不上来，我们干脆下水去赶。直到鸭子回了家，我们还在水里呢！

享受固执

极致宽容的人，可以改变所有的坚持，可是唯一不能改变的，是他味觉上的固执。味蕾产生的记忆不会因为主观的宽容而将就。可以不吃，但不会去勉强。

这种味觉上的固执，与生俱来，有点身不由己。但细细一想，不妨把它当成一种享受，也是件美事。

近日去省城南京出差，休息之余，突然想起这里的特色小吃——鸭血粉丝汤。心血来潮，找了一家门面颇为气派的小店坐了下来。

服务员是两位已逾天命的大嫂，胡乱地收拾完玻璃桌面上的残羹，不顾上面还有残留的油渍与湿漉漉的汤汁，便面无表情地走开了。鸭血粉丝汤上来了，浅浅的一碗。过度的期待往往孕育着过度的失望。才尝了一筷子，便从心里涌出一句话来，虽然不太厚道，有些苛责，但我还是想一吐为快：一碗粉丝毁掉了我对一座城市的想象。

粉丝肉质松弛，绵软无力，毫无嚼劲。汤汁是方便面的表兄，我仿佛找了一家金陵特色小店，却吃着一碗泡面。

粉丝与我，饱含着美好与满足的记忆。在物质生活并不富裕的年代里，农村人家办喜事会选在秋后或是冬天。一是蚊蝇少，二来剩菜便于收存。客人散尽了，还有帮忙的邻居和亲戚，这些剩菜就是招待他们最好的伙食了。

那时宴席上最不能缺少的就是炒粉丝。本钱少，有卖相，是必不可少的选择，因而遍布家乡每桌的宴席，极其普通。

虽然普通，却不简单。炒粉丝算是一项技术活，讲究水和火的配合，干与湿的拿捏，说复杂也简单，说简单也讲究。水多了，成了汤粉，没了炒制的韧劲与焦香；水少了，太过干涩，像嚼稻草，难以下咽。有经验的厨师会用火去逼出粉丝本身的水分，再加上猪油与粉丝充分地融合，使得丝丝润滑。一盘炒粉丝上桌，一眨眼就吃完了，盆底却不见汤汁。很多技术一般的师傅炒粉丝，不是炒烂了，成了坨坨；就是炒干了，像是嚼着钢丝。恰到好处的炒制是对厨师技艺的考验。

粉丝的选用也有讲究。米粉是绝不能用的，见水就想着粉身碎骨。龙口粉丝也不可用，太细，易熟，适合火锅，却经不起翻炒。炒粉丝最好选用地道的红薯粉丝，粗纤维，淡褐色，很土气。经过炒制变成了深褐色，还透着酱油的深红，样子就更土了。但在我眼里，土气的外表掩饰不住对我味蕾的诱惑。

每次吃喜酒，我最盼的就是这道炒粉丝。在鱼肉并不丰富的宴席上，粉丝是油水最多的一道菜，光滑、柔软又有嚼头。几根肥瘦相间的肉丝，几根水芹菜的嫩梗儿，没有其他任何金贵的配菜，就成就了一道比鱼肉更让客人追捧的美味。炒粉丝最好的滋味需要现炒现吃，冷了味道就大打折扣了，所以现在许多年轻人喜欢外卖点粉丝，其实不是个好主意。

母亲知道我们兄弟俩喜欢这口。每到这个时候，总会去厨房向师傅多讨一勺来。厨师也是个厚道人，即使没有了，也会用锅铲用力地在锅底铲上几下，那些结在锅底的、带着锅巴香的粉丝便宠坏了我们的味蕾。多少年后，还固执地坚持着当初的味觉，不肯将就。

味觉其实是一项极个人的事情。个人的喜好并不能代表食物的客观优劣。但奇怪的是，人的味觉就是这样敏感又固执地坚持己见。就像一个本地人，能够清晰地分辨出外地人在讲本地话时，哪个发音不到位，哪个平仄欠火候，哪个声调没拿准。

这或许就叫地道吧。

同样是沙子，沙漠里与江河里的沙子相比，少了棱角，就少了黏合性。工匠们绝不会拿它做建筑材料。同样是粉丝，我吃到的那碗或许就是因为少了"棱角"，因而被我固执的味觉发现了。对于这个装修精致的小店来说，极个别人的感受无足轻重，但对于我来说，记忆因为误差而更灵敏，却是件十分有趣的事。

我突然发现，这种固执的坚持让我愉快。

家乡镇江有一种锅盖面。想吃到正宗的滋味，不是在风景区里，也不是在漂亮的店面里。需要跟着三轮车夫、出租车司机去某个并不清洁的小巷，某个局促的飞着苍蝇的小店里。因为只有那里不会改变食物本真的风味，不会为了迎合四面八方的客人而选择口味的最大公约数。

本初的味道改变了，本质也就不再了。

稻麦不言

麦子从深秋、隆冬走过春分、谷雨，在初夏毒辣辣的日头底下，似乎只是一晌，或是一阵风，便呼啦啦地熟了。热烈地，精力充沛地，冲着初夏阴晴不定的天空，锋芒毕露。

这时节，水稻还是雏儿，等待在麦收前就已做成的秧垄里，只等麦收之后，在水田里散将开来。再经过一个比一个更毒辣的日头，在深秋的某天，稻穗沉下了头，饱满地、温婉地、恬静地成就了又一个丰收的年景。

家乡是江南的丘陵地带，田地因水而变。少放点水，就是旱地，能种麦子；多放点水，就是水田，可以插秧。小麦一季，水稻一季，像接力一样就完成了四季的替换。奇怪的是，成熟后的它们都呈现出黄澄澄的颜色，画圆了丰收的年轮，有太阳的金黄，像我们的肤色。

记得当时我家的田离村子很远，有近十里之遥，远到另一个村子人家的门口。平时挑一担粪到田里，一个来回，半天就没有了，所以母亲每次下田都是带着午饭出去的，这样就省出了来回的工夫。

田的地势很高，在丘陵的顶端。平日里少水，母亲就用来种小麦。

　　一年的丰收是从收小麦开始的。到了开镰的日子，天还没亮，就听到母亲在门口磨镰刀的声音。其实刀早就已经磨得锋利无比了，但母亲在下田前，还是要磨上几下，这是一种仪式，是对小麦长势的尊重，也是对即将到来的收成的期盼。

　　"小满三日望麦黄"，收麦得抢，抢在雨前。收麦时太阳越是毒辣，母亲越是开心。熟透的麦子一淋了雨就会发黑，发霉，眼前的收成就会大打折扣。站在麦垄前的母亲，像有使不完的劲，左手一把小麦，右手一抡镰刀，弓腰挪步，蹲步前移，金黄的小麦便应着镰刀的唰唰声一丛丛地倒下，整齐地躺成了一排。

　　麦收时候，学校就放忙假了。当时的老师多半也是农民，家家有田，也得抢收，便顾不得学生了。最忙的时节将孩子们放回了家，家长们是很有意见的，田里家里都得管，哪忙得过来呢？但对孩子而言，这是一个极其快乐的时节，伴随着布谷鸟的呼唤，走出了教室，学习和功课也就消散在了麦浪之间，抛到了九霄云外。

　　最忙的时候将孩子们放了回来，不是帮忙，反而添乱。母亲找了个理由，让我和弟弟管理午饭。我们一个拎着半钢筋锅的饭菜，另一个拎着热水瓶和碗，就跟母亲下了田。母亲割麦子，我们就跟着捡麦穗。见我们到处乱跑，没个正形，母亲就说："如果捡得多，就用捡的麦子给我们换番茄冰棒吃。"在这样的诱惑下，我们一下子来了兴致，一头就扎进寻找麦穗的热情里……捡累了，躺在刚割下的麦子上，枕着麦香和蒲公英的味道，任由蝴蝶蜜蜂从眼前飞过，美美地睡着了。

　　后来，母亲说话也算话。到下雨的时候，卖番茄冰棒的半买半送，快化了的冰棒两分钱一根，母亲就用家里刚打下的小麦去换，一小簸箕能换来我们半天的享受。贫穷简单的日子便平添了几分快乐。

地势高的田不好引水，是不宜种水稻的。但母亲还是坚持着种了。她一直记得，在还没有分田到户的那会儿，队里按工分分口粮。别人家劳力多，大担小挑地嘻嘻哈哈，我家因为只有母亲一个农村劳力，她只能局促地站在人群后边，等待着大半箩筐的稻子。两个儿子，像两条小狼，母亲最怕的是我们会挨饿。所以母亲在河埂或荒坡上开垦了好几块自留地，用瓜果蔬菜弥补了主粮不足的危机。

水稻扬花抽穗的时候，正是吃水最多的时候，也是太阳最毒的时候。稻穗吸足了水分，在烈日催促下，收身，沉淀，就成了米粒。眼看着田里的水见了底，水稻缺水就灌不了浆了。情急之下，母亲就用一人之力与老天抗衡。她在就要见底的河里支起一个人字形的支架，用绳子吊着小木桶，一下一下地将带着泥浆的河水刮进高出河床几十公分的田里。毒辣辣的日头底下，母亲的身上湿了又干，干了又湿。汗水流进了田里，化作一粒粒饱胀的稻穗。

时光悄然流逝，三四十个春夏秋冬过去了。我们早已过了依靠大米与小麦才能体会幸福的年代，母亲也早已不再种田了，为稻粱谋的生活水准也逐日提高了若干个层次。但每每与母亲谈到家里的田，谈到农村小麦水稻的年景与收成，她总还是有说不完的话题。她常常提起我们饥饿的神色和艰窘的往昔，她坚信，只要勤快，就能挺过干旱的夏天，就能将收成画得更圆。

又到了水稻抽穗的时节，我常常想起母亲只身一人在河心里舀水的身影。稻麦不言，给人一碗面或是一碗饭的支撑，不论你是贫穷还是富有；抑或就是母亲，陪伴着我们的前行，不论你是沉重还是欢歌，默默支撑，从不放弃。

肤兮，福兮

记得那年，我还在学校工作。暑期过后，大家见面打招呼，第一句通常是这样的："哟，你又瘦啦！""快看看，我有没有晒黑？"

无论言之所问，还是答之虚实，对话中总带着满满的善意。寒暄之语，透露出一个强烈的信号：经历了一个酷热的假期，黑白与胖瘦似乎是同事间最直接的关注。

出于好奇，当一个同事来我办公室时，我也随嘴一问："我有没有变黑？"对方不假思索地来了一句："没有！"正要为他的回答感到兴奋时，他悠悠地又补了一句："你已经没有什么黑的余地了。"然后他竟被自己的回答逗乐了，掩着嘴溜出了办公室，全然不顾身后的我一脸愕然。

又一个偶然的机会，看到同事的QQ签名：腿粗要人命，脸大毁一生。顿时一惊，原来肥胖已经具备了毁灭性的力量。

掩镜自问，既胖又黑的我，会是一种怎样的视觉境遇呢？

一

第一次感觉到自己的形象差强人意，是在考取师范那年。午后的阳光浓烈地炙烤着大地，我在骄阳下钓鱼。母亲站在村头的路边上扯开嗓门就喊："快去，到镇上的照相馆拍张一寸的照片，派出所转户口要用。"

我将竹子做的鱼竿斜撑在照相馆门口，才几分钟就出来了。当拿到照片时才发现，手里像是捏了一张埃塞俄比亚的难民像。又黑又瘦的脸上扣着一头爱因斯坦的乱发，杂草丛生，乍看是顶了一只鸟窝。母亲拿着照片，嘴里嘟囔着："怎么这么黑？还一点不上相。"母亲没有直接说丑，但我算是第一次直面了自己的长相。

母亲从派出所回来的时候特别开心，说派出所听说是给考取学校的孩子转户口，什么话都没说就给办了。母亲为了感谢他们，还在他们的桌上丢了两包瓜子。看来黑瘦并不影响办事。只是派出所的警察拿着我的照片看了好几眼，再看看母亲，又翻翻户口本，似乎有话想问，却又咽了下去。

接下来的日子，我依旧过着烈日下钓鱼、放牛，熏风中到处闲逛的日子，尽情释放着中考余留的焦虑。师范入学前，母亲责令我去理发，顺带嘱咐我："理短点，人瘦毛长，好像家里不给饭吃似的。"

报名那天，班主任看我的成绩排名全县第五，头也没抬："来啦，做班长吧。"好像熟悉了很久，又好像等待了很久的样子。当他抬头看我时，慈祥的目光里并没有惊现出讶异。在这样温暖的目光里，我生活了三年，但一如既往精瘦精瘦的，皮肤黝黑的成色一点也没有改善。

二

走进师范前，我并没有感觉到自己成色有多深。乡下男孩几乎是一个色系。客观地讲，在他们当中，我还不算严重的。烈日下，阡陌间，只有几只草帽的遮挡，而我们这些孩子都是光头干晒。经过一个夏天，身上烤出背心的痕迹，或是被晒褪了几层皮的大有人在。大家在一起，从来不比长相，不比肤色；比谁会玩，比谁力气大，比谁点子多。当然也有比成绩好差的，那大多是父母们。

这样的肤色进了城，就被突显出来了。从泥土地上抬起的眼光开始显得狭窄与局促。

师范第一年上形体课，得学芭蕾的基本动作。对一个从蒿草中走出的学生来说，显得很是别扭。认知与审美都尚在沉睡之中，都有待发育。眼不高当然手就更低，不仅我的动作僵硬，有时还会造成场面的尴尬。

形体老师是一个比我们大不了几岁的漂亮姑娘，穿着一身带弹力的紧身衣，凹凸有致，风姿婀娜，楚楚可人，举手投足间挑战着一个乡下孩子的视觉极限，也让刚刚开始分泌的荷尔蒙瞬间紊乱。不敢直视，但又必须看清老师的每一个细节动作的示范。于是目光在一次次的游离中被追回，在追回后再次游离……

那节课上，我一个劲地痴笑着，一边笑，一边目光游离。形体老师终于忍不住了，丹眼圆睁，纤细的手指越过诸多同学的目光，直指向我："那个傻笑的，就你，黑黑的，对，就你，出列。"我还在环顾左右，当发现全班的目光都指向我时，才意识到，被点名了。

那天在体育馆里上课的有三四个班，我是唯一一个在舞台上享受观摩待遇的。这让我恍惚回到了小学，与当初被老师罚站在坟头时的场景如此相似。所不同的是，当时感觉到的是委屈与气愤，现在感觉到的是无地自容。当一个男孩自我意识开始觉醒的时候，便开始在意周边外界的眼光。而我进师范的第一次亮相，竟是以这样又黑又傻的形象呈现的。呜呼！

三

好多同学自从走进了城市，肤色开始泛白，开始趋向洋气。而我，可能是从小烈日的暴晒已经深入到了肌理，依旧保持着黝黑的色系，而且非常稳定。

肤色浓厚的人往往在群体中不被看好，尤其像我这样稳定的肤色，就少了许多抛头露面的机会，泯然于众人之中。不过从来祸福相依，少了老师指派的工作，也就拥有了更多的个人时间。那三年里，我出奇地迷恋上了书法，对更黑的东西——墨汁产生了浓烈的兴趣，这似乎是冥冥中的注定。三年里我将颜真卿的《颜勤礼碑》临写了无数遍。这种痴迷从握起毛笔的那刻起，绵延三十年，直到今天，仍是断断续续，一直没有放下过。

常言冬练三九，夏练三伏，一年四季我几乎从不间断地握着毛笔自娱自乐。数九寒天，执笔的手感觉滚烫，而另一只手冻得冰凉。这种冰火两重天的感觉，恐怕只有执笔练字的人才有机会体会得到。

又是一年的暑假，我用四尺的宣纸竖式对开，首尾相接，临写了近百米的长卷。轮到学校汇报的时候，发现有一位白皙高挑的同学已经捷足先登，将自己二三十米的作业展示在了舞台上，我便悄悄收起了自己的作业。

就像我的肤色一样，从来就没有过亮色来引人注目，只能隐忍着暗暗用功。没有自信的支撑，也就没有了竞争的自信，因而，直到今天，显山露水的机会于我而言，真的不多。但是，看准的事情，自己用功，生活反而充实了许多。

四

师范的同学大多来自农村，基本都是冲着可以转户口、发菜金来的。城里孩子都上了高中，或考中专去了。田野里生长出的学生走进校园，学习规矩，还要为人师表，似乎与原来的粗野有些格格不入。

师范有位老校长。说他老，也就五十岁左右。因为戴着厚厚的眼镜，又不苟言笑，加之校长地位的显赫，所以我总觉得他有超出年龄的老成，与近乎老者的威严。

他喜欢低着头，背着手，满腹心事的样子在校园里闲逛。见到哪里有痰迹，就用粉笔在上面画一个圈。于是，校园的走道与楼梯上就星星点点地散满了小圈圈。这些散落的小圈圈像灯泡一样刺射着我们的眼睛，一点点地将我们的劣习往回拉。看他用粉笔圈痰的样子，我仿佛能听到行为的骨骼被他矫正时嘎嘎作响的声音。

男厕所的小便槽前有一小截台阶。男生小便喜欢远距离投送，大多是不会踏上这节台阶的。不知道什么时候，老校长出现了。他会对着其中一位不遵尿德的同学一声严令："停！"随后，立即又和颜悦色地做一个请的姿势："请，上前一步。"经这一吓，这位同学戛然而止，上前一步后，却再也尿不出来了。后来我想，全国通行的"上前一小步，文明一大步"或许就起源于那个年代。

皮肤偏黑的学生，给人的第一感觉往往与粗野顽皮相关，往往成为诸多违规行为的怀疑对象。我不知道老校长那天是不是尾随着那些皮黑的男同学进的厕所，但结果是，被罚站成一排听训的同学中，白黑参半，不分伯仲。看来肤色与修养并没有绝对的关系。

我很庆幸，那天只是观众，不是主角。

五

人生四十多年，已近天命，当初的瘦猴已经长成了肥象。社会的发展与优越性在我的体重上体现得一览无余。唯一没变的是我黝黑的皮肤和对书法的痴迷。

一天，读到一首小诗"白日不到处，青春恰自来。苔花如米小，也学牡丹开。"苔藓虽小，层级亦低，但它也有自己的生命本能和生活意向，并不因为微弱而丧失开花的勇气。同样是花开，时段有别，大小各异。恰恰是这样，才成就了季节的丰富。

同样是装水，瓷的洁白与陶的棕褐同样存在。两者之间没有本质的区别，只有质地的差异。我生来可能就是一只陶，后来体型上还长成了一口缸。所不同的是，瓷有机会走上展台，作为摆设，休歇一会儿；而缸每天都得装水，生活的马达一刻不能停歇。

想到这些，心里就给自己开了一扇窗，自信的阳光便照了进来。

"蓝脸的窦尔敦，盗御马；红脸的关公，战长沙；黄脸的典韦、白脸的曹操、黑脸的张飞，叫喳喳……"人生七色，我占其一，不亦快哉！

肤兮，福兮——我很欣慰，因为其中有小麦收获时的成色，有稻穗低垂时的踏实，还有家乡的泥土在阳光下的气息……

只是这肥，倒是真的该减减了。

尾记

走出村子，走不出目光
——写在后面的话

朋友间茶叙，比我年长的几位畅想着自己的退隐生活。说是在乡下修上一个院子，种上几丛花草，围上几垄菜田……将来老了，可以经常住住，重新回到那种雨来关窗、风来闭门、闲看落花、草木养心的日子。

我嘴上应和，但心里知道，十有八九这只是一个唯美的精神奢望，朋友们只是在构筑一个理想的晚年镜像，虽然恬淡，但大多数人最终是做不到的。这倒不是说物质水平达不到这样的需求，更多的是精神已经无法再回到曾经的原乡。即便是真的踏回了故乡的土地，物是人非，"乡音无改鬓毛衰"，时间积累下的改变注定再难安放回传统意义上的故乡了。恰如我的学生在文章中写的，童年只是眼前一间屋子里透出的光，你可以看见，可以想象，但屋子你再也进不去了。萨特说得真好：记忆是熟悉而回不去的地方！

上学的时候，不知道什么叫"乡愁"，读余光中先生的诗，着实没有什么感受。但是为了考试，为了升学得分，"为赋新词强说愁"，生生地硬是挤出几点感触来。就像小时候写作文，喜欢用"岁月荏苒""时光如梭""白驹过隙"这类好词，没有真切的感受，但偏偏就是喜欢用。为的是朗朗上口，又对仗工整，还可以凑字数。

真的离开故乡，离开村子三十多年后，当年轮的指针指向人生的秋天，时间的法则将我推到了收获的喜悦与枯萎的忧患并存的道口，一些泛黄的记忆片段开始在脑海中不经意地泛起——有时是在酒桌上与朋友神侃的时候，有时是在独自创作书法作品的时候，有时是在晚间散步的时候，有时是在音乐响起的时候……

夏日的正午，趴在养鱼塘的蒿草里偷钓，被虫子叮出满脖子的风饼；爬上邻居家大树的鸟窝，一条一米多长的蛇在那儿等着我们；看电影的晚上，小伙伴用树枝当剑，挑出了同村孩子的眼球；煤矿食堂的饭票菜票可以换小店的瓜子；邻居的小哥哥为救弟弟，双双烧死在火海里；外公受不了我们兄弟的打闹，把我们赶出了家门；村里赤脚医生的手艺奇葩，一针能痛一个星期；房后的叔叔被山上的石头砸死了，我很久不敢经过他的家门……

我曾经做过一次尝试，用高空地图搜索故乡老宅的位置。现在的地图逼真又迅捷，将我的视线从太空直降到老宅的屋顶。老屋沉静，门前那棵十多年的樟树长得葱葱郁郁。俯看着我曾经居住过的老屋，童年嬉闹的土场，还有那田间的草木，如镜的河流……突然意识到，这急剧变革的乡村里，新老更替，万物代谢，可能只有家门前的那棵樟树能守住故乡,看得见家乡的未来了。每次回老家,只要老屋还在,樟树还在,心里便觉得踏实,有一种水手终于上岸的实在感。

"天地有大美而不言,四时有明法而不议,万物有成理而不说",这是庄子的智慧。身处时间的旷野里,所有的沉默都是为了清澈的表达。而故乡予我早年的记忆,虽然只是琐碎的、花絮式的,但却是我的独有之秘,珍贵私产,失之岂不可惜?

于是,我写写停停,停停想想,想想再写写,信步由缰,没有目的,走哪儿算哪儿。没有怎么用力,只是静下来,什么都不做,回忆就会像井水一样渗出来。没有写作的压力,没有赶稿的窘迫,多半文字是夜深人静时写下的。在那个时段,身体与心理都是恍恍惚惚的,所以文字显得有些局促,可以深挖或铺展的地方都还意犹未尽,可以哲思演绎的地方都还有待修炼。然而,在那个时段又是一个人最清醒的时刻。写作中,渐渐清晰的是,物理上的故乡已经发生了巨变,但精神上的故乡却可以实现时空的折叠。我自由地进出,借助文字来实现精神的回归,真实地呈现,抑或深情地演绎。

说到这,我可以渐渐肯定的是,似乎窥探到了"乡愁"的一斑,我走得出村子,却走不出目光——她记挂我的目光,我思念她的目光。

历时两年,断断续续,《时光且长》这本小册子竟堆砌成了十多万字。完成初校之后,就要准备寄往出版社了。美国小说家福克纳说,他毕生所写,不出他邮票大小的故乡。大作尚且如此,何况我等弄笔小辈。我的故乡很小,地图上连个点都构不成;故乡却又很大，溢出了心，却还在生长。成全这段乡愁文字的有许多朋友。知名画家侯德剑先生与我生肖同是属牛，画牛亦一绝，欣然为我绘就插图；顾忠兵先生也不辞酷热为我"命题作画"；周耘女士为出版前后张罗，细到装帧设计、字句的推敲。更有微信圈的朋友们成为出书前的第一批读者，嬉笑调侃，建议鼓励，为我集篇成书接续动力。在此，一并谢过！

　　夜已深，暂且写到这儿吧。

二〇一九年八月一日子夜
于墨雨斋